CUENTOS DE TU LOCA
MENSAJES DE TU SABIA

ESTRATEGIAS PARA AMARTE Y SER FELIZ AHORA

Ivette Rodríguez

CUENTOS DE TU LOCA
MENSAJES DE TU SABIA

ESTRATEGIAS PARA AMARTE Y SER FELIZ AHORA

Rodríguez García, Ivette, 1954-
Cuentos de Tu LOCA, Mensajes de Tu SABIA…
Estrategias para amarte y ser feliz AHORA

ISBN: 978-1505435375

© Rodríguez García, Ivette, 2014
San Juan, Puerto Rico
Dirección electrónica de la autora: ivette@ivetterodriguez.com

Todos los derechos reservados. Ninguna porción de este libro podrá ser reproducida, almacenada en algún sistema de recuperación, o transmitida en cualquier forma o por cualquier medio —mecánicos, fotocopias, grabación u otro— sin la autorización previa por escrito del titular de Derecho de Autor.

Dirección editorial, edición y prólogo: Gizelle F. Borrero / Divinas Letras
Corrección de estilo y revisión final del texto: Aura Torres Fernández
Epílogo: Silverio Pérez
Ilustraciones de portada e interiores: Jorge Serrano
Diseño, diagramación, armada de interiores y portada: Carlos López Angleró
Fotografías de la autora: Río Hernández

Este libro se compuso en caracteres: Myriad Pro, Avant Garde y Bickley Script

Impreso por Quad Graphics
Colombia, agosto de 2014

La autora está disponible para conferencias, seminarios o talleres. Para contrataciones, comentarios o sugerencias favor de comunicarse al 787- 667-1307 o escribir a: ivette@ivetterodriguez.com

Para Margarita, mi mami, la heroína de mi vida.
La LOCA más linda y la SABIA más preciosa.
Vives en mí, por siempre y para siempre.
Nunca olvido tu famosa frase:
"¡No irás a dejar que el miedo te pare!".
No Margarita, no. Aquí la prueba. Por ti y para ti.

*[…] el estallido de mi libertad personal
empezó a finales de la década del 60,
cuando empecé a parecerme a mí mismo".*

—Luis Rafael Sánchez

NOTA DE LA AUTORA

En este libro, yo no pretendo meterme en el campo psicológico o psiquiátrico. Mi intención aquí –como *coach*– es compartir información y prácticas que, desde mi experiencia en los últimos veinte años, han probado ser útiles y de gran impacto a mujeres que gozan de salud mental y emocional, pero que atraviesan niveles de estrés, tristeza o ansiedad, de la variedad "común y silvestre", típicos de los retos que representa la maravillosa vida de la mujer moderna en el planeta Tierra.

De todas las posibles definiciones que podría darte acerca de la diferencia entre un(a) *coach* y un(a) terapista, esta es mi favorita (tomada de los escritos de mi divinísima maestra, la reconocida *coach*, Martha Beck): "Un(a) *coach* es a un(a) terapista, lo que un entrenador personal es a un médico. El médico ayuda a una persona cuya salud física está quebrantada a regresar a un estado saludable, mientras que el entrenador personal ayuda a una persona saludable a llegar a estados óptimos de funcionamiento. De igual manera, el terapista ayuda a regresar a un estado saludable a aquellas personas cuya salud mental o emocional está comprometida, mientras que el *coach* de vida trabaja con personas que gozan de salud mental y emocional, y los lleva a maximizar su nivel de funcionamiento." Esto se logra a través de conversaciones significativas, preguntas y procesos que te dirigirán como *coachee* (clienta) a descubrir –y desde ahí a poder transformar– todas aquellas creencias y pensamientos limitantes que están entre donde te encuentras en este momento y donde quieres llegar a estar.

Por ende, si escoges llevar a cabo cualquiera de las prácticas en este libro, lo haces a tu propia discreción, como mujer consciente, y bajo tu propia responsabilidad.

¡Bienvenida!

Ivette Rodríguez

ÍNDICE

Agradecimientos	13
Unas palabras de entrada…	15
Prólogo: De la LOCA–SABIA y sus medias sucias…	17
¿Por qué ahora?	21
Punto de partida	25
Te presento a Tu LOCA:	31
He aquí a Tu SABIA:	33
¿Por qué cuarenta?	35
Cómo leer este libro (o, Manual de Operaciones):	39

Cuentos de Tu LOCA y mensajes de Tu SABIA

1	Tengo que agradar (o, caerle bien) a todos.	43
2	Si no me critico constantemente, no logro nada.	47
3	No tengo poder.	51
4	Voy a tratar.	55
5	Si no tengo pareja estoy incompleta.	59
6	Tengo que ser perfecta (o, hacerlo todo bien).	63
7	Ser vulnerable es peligroso.	67
8	La vida no es justa (ese es mi problema).	71
9	Si tengo pareja o hijos me pierdo a mí misma.	75
10	Si fracaso, seré una fracasada.	79
11	Tiene que haber algo más que esto.	83
12	¡¡Soy un fraude total!!	87
13	Si mi pareja me ama, debería de saber lo que quiero.	91
14	¡Fulano(a) (nombre de alguien) me vuelve loca!	95
15	No puedo parar (¡o no se hace nada!).	99
16	Si digo "NO" soy mala (mujer, mamá, esposa, amiga, amante, compañera, colega, etc., etc., etc.).	103
17	Las mujeres no debemos expresar nuestra ira.	107
18	Si brillo opaco a las demás (o, soy culpable de que se sientan mal).	111

19	Yo puedo sola.	115
20	Soy inadecuada (o, no doy el grado... o, todo el mundo es mejor que yo).	119
21	Estoy completamente sola.	123
22	Soy demasiado... (gorda, flaca, fea, vieja, joven... etc., etc., etc.).	127
23	Yo debería estar más adelante en mi camino.	131
24	Cuando tenga X, Y o Z _____ (la pareja perfecta... el bebé... la cuenta de banco... el trabajo... el reconocimiento... etc., etc., etc.) voy a ser feliz.	135
25	No tengo tiempo (para hacer lo que quiero).	139
26	Con mi amor puedo cambiarlo(a).	143
27	Debí haberlo hecho mejor.	147
28	Cuidarme es ser egoísta.	149
29	Mi pasado no me permite ser feliz.	153
30	Si enfrento mi realidad voy a sufrir.	155
31	Si no sé cómo hacerlo, nunca podré lograrlo.	159
32	Se me hizo tarde (o, ya es tarde para mí).	161
33	No valgo (o, no soy suficiente).	165
34	Perdonar es igual a aprobar o estar de acuerdo.	169
35	Permitirme sentir mis emociones es peligroso.	173
36	Si no lo hago yo, no se hace (o, no puedo pedir apoyo).	177
37	Tengo que defender todo lo que se dice de mí.	181
38	Preocuparme es igual a amar (o, si no me preocupo no amo).	183
39	Si expreso mi verdad me va a ir mal.	187
40	Mi felicidad no es importante (o, es secundaria).	191
Epílogo: La LOCA y el DINOSAURIO		195
Bibliografía		197
Biografía de la autora		199

AGRADECIMIENTOS

GRACIAS:

A todas las mujeres, a través de las épocas, que estuvieron dispuestas a ser "quemadas en la hoguera" del juicio, la crítica, la incomprensión y hasta el abandono, en pos de expresar su verdad… ¡Gracias! No solo mi agradecimiento, sino mi más profundo respeto.

Gracias a todas y todos aquellos que a lo largo de mi camino han amado y celebrado a Mi SABIA, a la vez que han tenido compasión de Mi LOCA.

A mis amigas… LOCAS y SABIAS… gracias a cada una de ustedes por haber dicho "¡Dale!" a cada paso de mi, a veces, tan incierto caminar.

A mis hermanas… Evelyn (eternamente viva en mí), Nancy, Bárbara y Miriam… valientes LOCAS y SABIAS… todas… cada una en su ¡inigualable estilo! Gracias por amarme y aceptarme siempre, aun cuando puedo imaginar que muchas veces no entendieran mis "locuras".

A cada una de mis clientas y participantes de mis talleres e inventos… gracias por tu inmensa valentía, tesón y transparencia… Gracias por dejarme conocer a Tu LOCA y empoderar a Tu SABIA.

A todos los hombres sabios de mi vida, empezando por mi papi. ¡Ay, mi papi! No hay palabras cuando de ti se trata… fuiste el SABIO original. Dicen que "el que lo hereda no lo hurta". De ti heredo mi gran sed por lo verdadero. GRACIAS por el legado más valioso del mundo: haberme enseñado a reconocer y ser compasiva con mi LOCA y a escuchar y confiar en mi SABIA.

A mis hermanos… David, gemelo de mi alma, gracias por decir siempre: "¡Lo que te haga feliz, Ivecita!". Joe, aun en la distancia, siempre sabiéndote ahí, sabiendo que me quieres mucho.

GRACIAS Frank… el más LOCO y SABIO de todos… Gracias a ti… tantos milagros…la magia de Piaf…. Y, ni hablar de Kiriel y Anya, nuestros hijos… ¡El regalo mayor!

A Gizelle Borrero, mi SABIA y LOCA editora y regalo mayúsculo del cielo. Gracias a ti hoy entrego a mis lectores un mucho mejor libro. ¡Algo debo de haber hecho muy bien para merecerte!

A todos los maestros y maestras del campo de la tranformación y el *coaching* que han marcado, impactado y transformado mi paso por el planeta: John Hanley, gracias a tu brillantez, *Lifespring* (el comienzo de mi camino), y toda una tribu de maestros y mentores brillantes. GRACIAS… También a Tony Robbins, Byron Katie, Marci Shimoff, Debra Poneman y, más recientemente, a la extraordinaria *coach* por excelencia, Martha Beck. Mi más profundo agradecimiento. GRACIAS por confiar en ustedes mismos y ayudarme a mí a creer en mi SABIA.

GRACIAS, sobre todo a mis hijos, Kiriel y Anya, pues ellos mejor que nadie saben la verdad de Mi LOCA y Mi SABIA ¡¿Verdad, chicos?!

UNAS PALABRAS DE ENTRADA...

"Cuando Ivette Rodríguez me lanzó el desafío de escribir unas palabras sobre su primer libro, lo primero que me cautivó fue el título: "Cuentos de Tu LOCA, Mensajes de Tu SABIA". Y pensé: ¿Por qué no, "La Linda y La Inteligente" o "La Buena y La Mala"?, hasta que inicié la travesía por las páginas de este libro y me encontré con mi loca y mi sabia, esas dos voces que me hablan constantemente y que a veces me hacen retroceder en lugar de avanzar. Descubrí cómo a través de un conteo de relatos breves la autora busca activar nuestra conciencia para que comencemos a conectar con esa loca y esa sabia que llevamos dentro. De forma ágil y entretenida –como suelen ser sus conferencias de coaching– mas sin perder profundidad, "Cuentos de Tu LOCA, Mensajes de Tu SABIA" nos enfrenta con la experiencia poderosa de autoevaluarnos. Esa es la principal lección de este libro, ayudarnos a entender que la realidad de nuestra vida hoy tiene mucho que ver con esa voz interior que estamos escuchando. La Loca o La Sabia... ¿Cuál de estas voces escuchas tú?"

—Helga García
Relacionista profesional y Presidenta de Perfect Partners

DE LA LOCA-SABIA
Y SUS MEDIAS SUCIAS...

Comencé a editar "Cuentos de Tu LOCA, Mensajes de Tu SABIA" el 12 de abril de 2014, y desde ese primer encuentro con las palabras de Ivette Rodríguez tuve la certeza de que estaba ante algo más que un trabajo. La idea de que yo escribiera "algo" para el libro se le ocurrió a Ivette luego de que yo le confesara que sus mensajes me habían confrontado de tal manera conmigo misma que me empujaron a matricularme –como una más de sus *fans*– en la propuesta de transformación que nos hace en las páginas de este texto. Medité en los regalos que había recibido durante los cuatro meses que pasé sumergida en la edición de esta obra extraordinaria y descubrí que "Cuentos de Tu LOCA, Mensajes de Tu SABIA" me hizo reír, rabiar, reflexionar pero, sobre todo, me ha impulsado a actuar afirmativamente para cambiar patrones de pensamiento y de conducta que limitan mi vida. Las palabras de Ivette me recuerdan una y otra vez el deber que tengo de amarme a mí misma y de volar en pos de mi felicidad.

Durante mi reflexión comprendí que yo había comenzado a editar este libro hace casi cuatro años, el día en que conocí a la LOCA–SABIA–DIVINA que es Ivette Rodríguez. Al escucharla hablar aquella primera vez supe de inmediato dos cosas: que ella debía escribir un libro y que yo quería ser su editora. Aquel jueves 4 de noviembre de 2010, Ivette me cautivó con su elocuencia y su gracia. Quedé fascinada por la espontaneidad con que se sumergía en las profundidades del ser y por el amor que emanaba de su palabra generosa —esa mágica combinación de LOCA y SABIA que es su marca personal y su estrella.

Nuestro segundo encuentro fue en uno de los talleres transformacionales para mujeres que Ivette ofrece todos los meses. Yo aparecí en calidad de investigadora con mi libreta de apuntes, mi bolígrafo de tinta roja y mi actitud de editora sagaz en busca del tema perfecto para guiarla en el proceso de creación de su primer libro. Pretendía quedarme solo un par de horas en la actividad; el tiempo justo para captar la esencia de su mensaje y elaborarle una propuesta para el desarrollo de su obra. Al poco rato de haber comenzado el taller ya Ivette había apretado todos los botones de mi mente y de mi alma. Por instantes me reía, luego sus preguntas despertaban inquietudes en mí, hasta que un comentario suyo provocó una sensación de ira incontrolable en algún espacio de mi vientre.

Al proponernos hacer un ejercicio de *coaching*, utilizó como ejemplo un problema simplón que por aquellos días enfrentaba en su vida: su hija dejaba las medias sucias tiradas en la sala. Mi silencioso grito de indignación salió disparado por cada recoveco de mi mente: "¡¡¡Lo mío no son medias sucias tiradas en la sala!!!", pensé al borde de un síncope. Hubiera querido gritárselo frente a todas aquellas mujeres, pero me quedé callada inhalando y exhalando como había aprendido en mis clases de yoga. Yo no estaba allí para pelearme públicamente con una clienta potencial, en aras de defender las tragedias de mi vida. "Calladita me vería más bonita", me dije internamente. Entonces ocurrió el milagro: otra mujer con una desgracia igualita a la mía (el exmarido le había puesto los cuernos diez millones de veces hasta que finalmente la dejó por una rubia tontísima veinte años menor que ella) se atrevió a decirle lo que yo no me animé a cuestionarle por temor a perder el trabajo antes de tenerlo. Ivette, en lugar de exasperarse y dar por concluido el interminable monólogo de la enfurecida señora –cosa que hubiera hecho cualquier motivadora normal– reaccionó divertida y, tras un despliegue de su maestría como *coach* de vida, matizado por algunas pinceladas de comedia, le comprobó a aquella dama tan sufrida que todo lo que nos pasa –a hombres y mujeres, por igual– no son más que "medias sucias tiradas en la sala". Antes de que concluyera el día yo había cancelado todos mis compromisos (cuatro hijas incluidas) para quedarme allí trabajando en mi transformación, de la mano de esa LOCA-SABIA divertidísima que se había atrevido a decir entre risas que todo lo que yo creía tan trascendental en mi vida, no era más que un invento de mi mente, o lo que después –al comenzar a editar este libro– supe que era la voz mordaz, insensata, descabellada e hiriente de Mi LOCA.

Unos meses después de aquel encuentro comenzamos la edición de su libro. Trabajamos semana tras semana por varios meses. Me sorprendía cómo Ivette sacaba energía para corregir el texto a la vez que viajaba varias veces al mes a algún lugar remoto del mundo donde requirieran sus talleres transformacionales. Como si andar de país en país ayudando a miles de personas a transformar sus vidas no fuera suficiente, un buen día me anunció que volvería al teatro a interpretar a la mítica cantante francesa Edith Piaf. Yo asistí al estreno de la obra fascinada y honrada de ser la editora de aquella diva polifacética que en un solo día era capaz de corregir las sugerencias que yo le hacía a su libro, atender a sus clientes de *coaching*, resolver los entuertos normales de sus dos hijos adolescentes, pelearse y reconciliarse con su pareja e interpretar con un vozarrón impresionante –y en un francés todavía más asombroso– las legendarias piezas de la Piaf. Entonces, con la misma alegría con que había irrumpido en mi vida, Ivette desapareció por muchos meses, que sin darnos cuenta se convirtieron en casi tres años. Su decisión de no publicar el libro en ese momento me enseñó que una se puede arrepentir de hacer lo que dijo que haría, y que una está lista, cuando está lista. Es decir, que tenemos la libertad de hacer, posponer –o incluso, NO hacer– aquello que dijimos que haríamos, y que todo ocurre en el momento perfecto.

El pasado mes de abril Ivette regresó decidida a publicar su primer libro. No me sorprendió cuando me dijo que publicaría una obra con un tema totalmente diferente al que habíamos comenzado a editar en enero del año 2011. Al reunirnos esta vez me pareció que Ivette estaba clara, decidida e iluminada. Ya tenía el libro escrito prácticamente completo, hasta con su título y una estructura definida —que incluía un ensayo, una cita célebre, varios ejercicios de *coaching* y afirmaciones positivas. Al escucharla describirme la obra supe que estaba lista para publicarla. Me prometió que transcribiría los textos –que había escrito en docenas de páginas amarillas con rayas azules, según le surgía la inspiración– y que me enviaría una muestra de los mensajes la semana siguiente. Dicho y hecho... a los pocos días recibí cinco archivos. Escogí uno al azar y lo abrí desprevenida, con la inocencia de la editora sabelotodo acostumbrada a danzar con gracia entre las palabras. Desde la pantalla azul del computador recibí el primer golpe de esa voz que Ivette llama "Tu LOCA". El mensaje era sencillo y contundente: "Estoy completamente sola". Pero, acto seguido esa otra voz que Ivette llama "Tu SABIA" me aclaraba lo más terrible: "Tu sentido o experiencia de soledad es solo un reflejo de tu propia desconexión." Todos los botones de mi mente y de mi alma volvieron a encenderse. Regresó el recuerdo de la primera vez que estuve en un taller frente a frente con Ivette y me dije a mí misma: "¡¡¡Prepárate, que aquí viene la LOCA–SABIA con sus medias sucias otra vez!!!".

—Gizelle Borrero
20 de agosto de 2014
San Juan, Puerto Rico

La autora de este prólogo es editora, escritora e instructora certificada de yoga. Ha publicado los libros *38 vueltas al sol* y *Mujeres que resucitan (relatos de la gaveta de los panties)*. Dirige la editorial Divinas Letras y es madre de cuatro hijas: Fana, Aura, Bianca y Anya.

¿POR QUÉ AHORA?

Mi amor, porque ¡¿Para cuándo lo iba a dejar?! Jugando, jugando, cuando tengas este libro en tus manos ya tendré sesenta años. Increíble, pero cierto. O sea, increíble para mí, que no sé cómo he llegado hasta aquí. Todo ha pasado tan rápido. Aún recuerdo aquellos tiempos cuando SESENTA parecía algo tan lejano... ¡algo que nunca llegaría!

¿Que me siento divina? Absolutamente. Y tengo SESENTA. ¿Que en mi mente y mi experiencia me siento de cuarenta? No lo dudes. Y tengo SESENTA. ¿Que estoy más feliz y viva que nunca antes y corro más de tres millas casi a diario? ¡Por supuesto! ¡Y tengo SESENTA! ¿Que jamás me sentí más coherente ni sabia que ahora? ¡Adivinaste! ¡Y tengo SESENTA! Por más longeva y "jeva" que me sienta… ¡son SESENTA!

Por eso AHORA. Después de seis décadas dando vueltas por ahí –¡Y qué vueltas!– tengo certeza de algunas cosas. Es decir, algunas cosas hay que sé que sé… Sé a ciencia cierta que tengo algunos regalos para dar. Y sé también que hay que darlos con tiempo. ¿Tiempo para qué? Para que tú los disfrutes y los uses cuánto antes. También tiempo para yo disfrutar el saber que entregué lo que me tocaba dar durante mi estadía en este planeta.

Y, de todo lo que he aprendido en mi caminar, de todas las lecciones que te podría regalar hay una que, para mí, es la más grande, más importante que todas las demás.

Como mujer y ser humano, a través de mi búsqueda y trabajo personal de más de treinta años conmigo misma y más de veinte trabajando con mujeres y hombres de todas las edades y provenientes de múltiples países en el mundo, este es mi legado escogido. Si muero mañana, con esto te quiero dejar:

No hay NADA, pero que NADA, más importante, NADA que te va a traer más gozo y felicidad (cosa que a mi tierna edad estoy convencida que es LA RAZÓN de vivir) que ser fiel a ti misma. Punto final.

Me queda claro, clarísimo que esto no es nada original. Sin embargo, una de mis muchas lecciones a estas alturas de mi viaje, es que no hay nada nuevo bajo el sol. Las maestras y maestros que han impactado mi vida lo hicieron no porque se inventaron la rueda, sino porque se atrevieron a expresarse en su manera única y personal. Mi contribución no está en decir algo que nadie dijo antes sino en decirlo con mi propia voz.

Con todo eso dicho, volvamos al punto original. ¿Qué quiero decir yo con eso de que seas "fiel a ti misma"? SENCILLO: Que vivas tu propia vida momento a momento, ¡no la de nadie más! En otras palabras, que te escuches detenidamente –y con todo el respeto del mundo– para que hagas solo aquello que sea fiel a lo que es verdad para ti. Momento a momento. No importa qué. SENCILLO, ¿verdad? Bueno, debería de serlo. El reto grande es hacer eso en medio de la cacofonía ensordecedora de voces que te hablan a diario en tu entorno y dentro de ti (la voz de la historia, la cultura, lo que se supone o no, la voz de tu mamá y la de la mamá de tu mamá y la de la mamá de su mamá, etc., etc., etc.).

Para que puedas hacer esto vas a requerir amarte. AMARTE de verdad. Ahí está el detalle. He ahí el gran reto: AMARTE. He ahí, como suele suceder, la gran oportunidad. Practicar AMARTE con locura e incondicionalmente a través de cada decisión y reto que afrontes cada día.

Si el propósito de la vida es la felicidad –y hay mucho consenso en torno a eso; desde el gran filósofo Aristóteles hasta los más recientes estudios del campo de la Neurociencia– entonces procede que honremos la vida misma y que hagamos todo lo que esté a nuestro alcance para lograrlo. Lo obvio, sin embargo, es que no hay posibilidad de lograr tu felicidad sin vivir tu vida auténtica. Y para vivir tu vida auténtica en medio de todas las presiones externas, vas a tener que practicar amarte. Y practicar. Y practicar. Hasta que sea automático para ti. Pero al principio, te advierto que va a conllevar mucha disciplina. Y fe. Fe en que la Divinidad de tu entendimiento no hace disparates y, por ende, tu voz interior y auténtica está ahí por una razón. Y esa razón es guiarte. Guiarte a tu mejor camino, el de mayor gozo y menor trauma.

Y ahora llegamos a mi convencimiento de que AMARTE y ESCUCHARTE terminan siendo una y la misma cosa. Escoger escucharte es igual a decirte a ti misma que eres importante, que lo que tienes que decir es valioso. ¡No! Más aun, que la información que te llega desde adentro de tu Ser no solamente es valiosa sino que de todas las posibles opciones, es LA MÁS IMPORTANTE.

Eso sé, con total certeza, AHORA. Por eso, AHORA.

A mí me ha tomado seis décadas llegar hasta aquí. Tal vez tú lo puedas hacer en menos tiempo… o, tal vez, tú estés más adelante en el camino… y aún sigues estando a tiempo. Si lo único que existe en realidad es el AHORA, entonces no debe quedar duda alguna de que siempre estamos "a tiempo". Por eso tienes este libro en tus manos ¡AHORA!

PUNTO DE PARTIDA

Sin duda alguna, hemos avanzado. Si bien es cierto que hay un largo camino por recorrer –todavía las mujeres ganamos menos que un hombre por el mismo trabajo, y cualidades que se exaltan en un líder hombre suelen criticarse en una mujer– también es verdad que nunca antes hemos tenido tantas oportunidades. En ningún momento anterior en la historia de la humanidad tuvimos tantas posibilidades de ser quienes queramos o hacer lo que escojamos.

Si partimos de la definición del *Diccionario Didáctico Avanzado del Español* de la palabra "poder" como "capacidad de acción", se hace obvio entonces que nunca antes tuvimos tanto poder. Así de sencillo.

Sin embargo, eso no necesariamente significa que estemos mejor. De hecho, nunca antes tampoco tuvimos tanto estrés.

Según múltiples estudios e investigaciones, estamos más ansiosas y deprimidas: una de cuatro mujeres toma medicamentos antidepresivos; de esas solo una de cada cinco buscará algún tipo de ayuda. De acuerdo a la Universidad de Harvard estamos 2.5 veces más deprimidas que los hombres y el nivel de felicidad de la mujer está en descenso.

En otras palabras tenemos más oportunidades que nunca antes, pero no estamos mejor equipadas para aprovecharlas.

¡¿Qué está pasando?! ¿Será que estamos queriendo ser demasiadas cosas para demasiada gente, y todo a la misma vez? ¿Será que la misma cornucopia de posibilidades nos está llevando del aturdimiento a la parálisis, o por lo menos a la insatisfacción y al descontento? Y, si a eso le sumamos nuestra obsesión con querer ser "niñas buenas", perfectas y complacientes, claro que vamos a estar ansiosas y deprimidas. ¡¡¡Se deprime cualquiera!!!

Para completar el cuadro, también sabemos a través de estudios y sondeos –y en mi caso particular, confirmado a través de mi práctica de *coaching* personal a cientos de mujeres con todo tipo de perfil– de la epidemia de falta de amor propio que nos arropa, no importa el *look* o posición que tengamos ni la cara que le presentemos al mundo externo. En un sondeo reciente que se hizo a través del sitio web de Oprah Winfrey a cientos de miles de mujeres, ante la pregunta "¿Qué está faltando en tu vida?", la respuesta más común fue "amor propio". En la Hoja de Descubrimiento que yo le pido a mis futuras clientas que llenen antes de comenzar nuestro trabajo juntas, la respuesta a esta pregunta siempre es ¡ESA MISMA! Y te recuerdo que estas son mujeres de todo tipo de perfil profesional y socioeconómico —y de casi una docena de países. Sin embargo, una y otra vez la respuesta es "amarme más... valorarme de verdad".

Como yo lo veo, no nos queda otra opción más sabia que decidir, de una vez por todas, detenernos... y ESCUCHARNOS... y ¡HONRARNOS!

Sé que no estoy sola. Sé que al igual que yo, hay miles y millones de mujeres dándose cuenta de que el tiempo ha llegado para ir juntas al próximo nivel en nuestra evolución. Somos muchas las que nos damos cuenta de que el reto mayor no es nada que llegue del mundo externo.

El reto mayor yace en todas las ideas y conceptos que hemos internalizado, sin cuestionarlos, solo porque en algún momento les funcionaron –o se supone que les funcionaron– a otras.

Nos damos cuenta, también, de que si esperar que alguien o algo nos rescate (como en los cuentos de hadas) no ha funcionado, tampoco nos está funcionando el querer "llevarnos el mundo por delante", copiando la modalidad agresiva y masculina que a lo largo de la historia hemos entendido que le ha servido a los hombres. El modelo masculino y controlador no nos ha llevado a donde queremos ir. Nos está costando las relaciones de profundidad y conexión para las que nacimos. No nos queda bien. Somos mujeres. Lo nuestro es otra cosa.

Ninguno de los dos extremos del péndulo nos ha llevado –ni nos podrá llevar– a nuestra plenitud, ni individual ni colectiva. Tampoco nos servirá para provocar el cambio y la transformación que el mundo convulso y de ritmo vertiginoso en que habitamos requiere de nosotras.

El coraje y la reacción a los patrones viejos nos sirvieron para llegar hasta aquí. Y, ciertamente, han sido muchos los adelantos. Todo ha sido perfecto. Pero, AHORA, el tiempo es otro.

Es mi profunda convicción que ha llegado el tiempo para abrazar nuestro ser en su totalidad. Creo firmemente que este es el tiempo de abrazar nuestra suavidad femenina, nuestra parte intuitiva, a la misma vez que abrazamos nuestra inmensa pasión y determinación.

Creo firmemente que es tiempo de regresar a nuestro centro. No me queda duda alguna de que todas las respuestas están en nosotras mismas, si tan solo estamos dispuestas a reconocerlo. Es tiempo de ESCUCHARNOS. Tiempo de escuchar nuestra voz interior. Esa voz esencial que nace de nuestro espacio más interno y quieto. Esa voz que se dedica a guiarnos a nuestro mejor destino; esa voz que nace del profundo amor a nosotras mismas y que quiere guiarnos a donde está nuestra felicidad (que para efectos de este libro en adelante llamaremos Tu SABIA).

Según mi experiencia, el reto mayor para poder escuchar esa voz sabia y profunda en mí, no es la interferencia de ninguna de las voces externas que escucho a diario, sino una voz, que por venir también de adentro, se presta para mayor confusión. Me refiero a esa otra voz, eternamente descabellada dentro de nosotras, esa voz que responde a los vientos huracanados del miedo y la opinión pública (pronto la conocerás en mayor detalle como Tu LOCA).

Esto nos devuelve al reto y la propuesta original de este libro: que a través de escucharnos y honrarnos practiquemos amarnos… y amarnos… y amarnos. ESCUCHARNOS y AMARNOS… AMARNOS y ESCUCHARNOS. Solo así podemos dar lo mejor de cada una de nosotras. Solo así podemos dar desde el desbordamiento de nuestra alegría y gozo. Solo así podemos romper la cadena de autosacrificio, reclamos y resentimiento.

Sé de lo que hablo. Escribo con la autoridad de quien ha sabido vivir a merced de su LOCA, escuchando, creyendo y actuando desde sus "cuentos". He sabido dejarme llegar hasta un hueco negro y no ver la salida. Revolcarme en el dolor de mi limitación autoimpuesta. Sé lo que es haber pensado y sentido que nunca iba a encontrar mi camino. He conocido el dolor de ser mi peor enemiga, de operar desde el autodesprecio, creyendo el mensaje cultural de que validar mi voz interior por encima de las voces de otros era "una locura".

Hoy sé que la verdadera locura es ignorar, darle la espalda a mi propia sabiduría. Más aun, estoy convencida de que esa voz que le susurra a mi ser, no sale del vacío. Estoy clarísima de que ese susurro interno es la única manera que tiene la Divinidad para comunicarse conmigo, para ¡guiarme! Es la voz de la Vida misma… de Dios… del Universo… o como tú escojas llamarle. Desde ese entendimiento, hoy tengo la bendición de conocer el poder, la alegría –y la profunda liberación– que están disponibles para mí cada vez que escojo escuchar la voz de mi Sabia.

Como pilares de nuestra sociedad –como madres, cabezas de familia, educadoras de las futuras generaciones– hoy más que nunca es fundamental, en mi opinión, que hagamos lo que se requiera para encontrar y honrar nuestra voz auténtica. Solo así podremos marcar la diferencia no solo en nuestra vida personal e individual sino como legado a nuestras hijas… y a las hijas de nuestras hijas… y a las hijas de sus hijas….

TE PRESENTO A TU LOCA:

Podría ser definida como la voz de esa parte tuya pequeña y asustada… aquella que vive en el miedo y la limitación. También podría llamarse la voz de tu ser social… amaestrada, condicionada, culturalizada… y eternamente prisionera de las voces de los demás en su afán de competir, complacer y lucir bien. Responde a los mandatos socioculturales. O sea, a lo que dice tu vecina y la vecina de tu vecina… a lo que creía tu mamá y la mamá de tu mamá… y quién sabe si hasta la mamá de la mamá de tu mamá… y así sucesivamente… Su compromiso mayor es mantenerte dentro del molde... no dejarte crecer.

Su necesidad de aprobación raya en la desesperación. Por ende, se vende al mejor postor. ¡¡¡Imagínate!!! ¿¡Cómo entregarle tu confianza?! Se dice y se contradice… como decimos en mi país: *"Se canta y se llora"*. Va y viene como la marea… como veleta al viento. Y todo en aras de quedar bien, siempre con algo o alguien externo.

Cree que mientras más tensa, nerviosa y preocupada esté, mejor lo está haciendo. Vive comprometida con la lucha y el drama. De hecho, si no esta experimentando algún nivel de conflicto, jura que no está viviendo. A falta de un buen rollo real, se inventa uno sin darse ni cuenta y luego, por supuesto, se lo cree completito. Después de todo, esa falta de paz es su ambiente favorito.

De estilo pataletero e infantil… grita… vocifera… se defiende… cualquier cosa con tal de imponerse. Te confronta atacándote y minimizándote… ¡Ah! y te habla en términos absolutos: "Tú siempre esto…", o "Tú nunca aquello…". Como te decía… esta voz está decidida a mantenerte pequeña.

A esta parte descabellada en ti, que se alimenta de robarte tu felicidad yo, afectuosamente, he escogido llamarle Tu LOCA.

¿Por qué Tu LOCA hace "cuentos"?

Escogí separar los mensajes de Tu LOCA de los de Tu SABIA usando la palabra "cuentos" por varias razones. La primera es que me pareció que le daba un tono de humor (vitalmente importante para mí) y hasta comunica una cierta ternura, dada la asociación con nuestros cuentos de niña. Una de mis convicciones más profundas hoy por hoy es que podemos mantenernos amorosas y compasivas con nosotras mismas a través de nuestro proceso de evolución. Más aún… queremos gozarnos y celebrarnos a cada paso del camino, sino… ¿¡Cuál sería el propósito de vivir?! ¡¡De víctimas y mártires ya hemos tenido bastante!! ¿No te parece?

También, vi el sentido de ironía. Estos "cuentos" no solo han mostrado ser igual de fantasiosos que aquellos que nos contaron para que nos durmiéramos todas las noches cuando éramos apenas unas niñas, sino que nos mantuvieron –y en muchos casos, desafortunadamente, aún nos mantienen– dormidas. Mitad humor, mitad denuncia…

Finalmente, mi propuesta es que al mirarlos como "cuentos" reconozcamos que han estado y van a estar ahí, como parte de la cultura, solo Dios sabe por cuánto tiempo… Pero eso no quiere decir que les tenemos que hacer caso. Podemos mirarlos, reconocerlos y –con amor y humor– dejarlos donde pertenecen: en el pasado.

HE AQUÍ A TU SABIA:

Hablamos ahora de esa parte tuya libre y expansiva, que está conectada con todo y todos. Se trata de la parte tuya que reconoce que eres grande y capaz de ser y hacer lo que el llamado del corazón te dicte. Hablo de esa parte de ti que reconoce que ese llamado no viene de la nada ni del vacío sino de tu propio centro. Es la parte de tu ser que está más allá de patrones o dictados culturales o sociales y que vive eternamente mostrándote tu verdadero camino, tu ruta de mayor gozo y felicidad. La de menor trauma.

Siempre está ahí para ti. Pero en vez de gritar, susurra. Su lenguaje favorito es el de la intuición, las sensaciones sutiles del cuerpo y las emociones. Su estilo es suave y sereno, aun cuando te confronta, cosa que siempre hace desde el amor y la compasión —y enfocada en tu grandeza.

Sabe que no hay porqué competir ni compararse, que no hay nada que probar ni defender. Sabe sobre todo que eres una, original e irrepetible y que ese precisamente es tu regalo. Tiene claro que lo único que debes hacer para vivir tu mejor vida, para encontrar el camino menos pedregoso, es escuchar tu propia voz y darte permiso para abrazar tu belleza, tu verdad y tu grandeza. La TUYA. La auténticamente tuya… Y confiar.

La SABIA habita en la abundancia y la certeza. No responde a los vientos huracanados de las presiones externas ni en las peores circunstancias, como por ejemplo, cuando las finanzas se descalabran, el diagnóstico del médico es nefasto o la desaprobación de tus hijos atenta contra tu cordura.

Es tu *Coach* interna, y el valor agregado es que sus sabios mensajes serán ¡gratis! Bueno, no exactamente tanto como gratis, porque todo tiene un precio. En este caso el precio es que, como mencionamos antes, para escucharla es preciso que te detengas, respires y te aquietes. Por lo menos tendrás que detenerte lo suficiente para familiarizarte con su voz. Para poder reconocerla en medio de la cacofonía de ruidos, sonidos y mandatos internos y externos que en verdad nada tienen que ver contigo, pero igual, siempre van a estar ahí luchando contra tu verdad.

¿POR QUÉ CUARENTA?

Cómo llegamos a esa cifra… y lo que vino después… me parece fascinante. Te cuento:

Una vez estuve clara en términos del concepto de la LOCA y la SABIA como esas dos voces o fuerzas en conflicto dentro de nosotras, y decidí escribir una serie de esos "cuentos" con los respectivos mensajes de la Sabia que habita en todas nosotras, la próxima pregunta fue: ¿Cuántos? ¡¿Cuántos cuentos y mensajes debo escribir?!

Tomé la pregunta y la sometí a lo que hoy tengo claro que es mi guía más precisa: mi GPS personal, la brújula o compás de mi cuerpo. Esto, en detalle, es otro libro pero por ahora, para hacer el cuento largo corto, digamos lo siguiente: me planteaba una cifra, por ejemplo, treinta y cinco… la sometía al compás/GPS de mi cuerpo… me preguntaba: "¿Este número se siente expansivo o contraído?" –expansivo es igual a "Sí"; contraído es igual a "No"– y "escuchaba" la respuesta del compás de mi cuerpo. Repetí ese ejercicio con varias cifras: treinta y cinco, cuarenta, cincuenta, cincuenta y dos, cincuenta y cinco… Empecé a tantear números y el resultado siempre era el mismo: la cifra que se sentía expansiva, "correcta", acertada… la que vibraba con mi cuerpo …en fin, la que "era" siempre resultaba ser la misma: ¡CUARENTA!

Dado que a estas alturas de mi vida he aprendido que no hay guía más certera que el "barómetro" de mi cuerpo (como dije, ese es OTRO libro), decidí que ese sería el número: CUARENTA.

A instancias de la invitación de mi espectacular editora, Gizelle, decidí investigar qué encontraba acerca del significado del número "CUARENTA"... si era que significaba algo. Durante mi búsqueda en la Internet pude constatar que fuentes, tanto bíblicas como misceláneas, reportan datos abundantes acerca de ciclos de cuarenta días. Esto encontré:

- El número cuarenta ha sido utilizado como medida de tiempo a través de los milenios. Desde la Biblia, el Korán y en textos budistas se le asocia con renovación y resurrección.
- Se habla de cuarenta noches de luto en el mito de Perséfone, en la mitología griega.
- Según el filósofo judío, Philo Judaeus –tambien conocido como Filón de Alexandría o Filón El Judío– "la esperanza de la renovación se daba en intervalos de cuarenta días".
- De acuerdo a los egipcios, cuarenta es el número de días necesarios para que el alma abandone el cuerpo.
- Según se relata en la Biblia hebrea, el diluvio en el que el patriarca Noé tuvo que refugiarse con su familia en el arca que Yahvé le encomendó construir duró cuarenta días.
- El profeta Moisés estuvo en el Monte Sinaí cuarenta días y cuarenta noches para recibir de Yahvé lo que hoy se conoce como Los Diez Mandamientos de Dios.
- Para poder llegar a la Tierra Prometida los judíos pasaron cuarenta años vagando en el desierto de la península de Sinaí, guiados por Moisés.
- A los cuarenta días de nacido Jesús fue presentado al templo de Jerusalén.
- Cuarenta días estuvo Jesús meditando en el desierto antes de su crucifixión.
- El cuerpo de Cristo pasó cuarenta horas en el sepulcro.
- El Buda ayunó durante cuarenta días antes de comenzar su apostolado.

En fin, cuarenta es el número que se asocia, desde tiempos antiquísimos, con el tiempo de espera ante una renovación. Simboliza muerte de una identidad y nacimiento de otra. ¡¿Qué te parece?! Por si acaso tenía alguna duda acerca del compás de mi cuerpo… ya no me quedó ¡ninguna! El número ¡siempre fue CUARENTA! ¡Ah! Y cuarenta fueron los ladrones de Ali Babá! ¡Imagínate!

Con inmenso amor para ti, helos aquí: ¡los primeros CUARENTA! ¡Feliz renovación!

CÓMO LEER ESTE **LIBRO** (O, MANUAL DE OPERACIONES):

¡Como tú escojas y te sirva mejor a ti! Al final del día ese es el propósito: servirte. Sin embargo, aquí me lanzo y te propongo algunas posibilidades:

La primera es que lo leas de principio a fin primero y que una vez termines de leerlo, identifiques cuáles de los "cuentos" de Tu LOCA te impactan más. Luego, uno a uno –y a tu ritmo– los retomas y ¡HACES LAS PRÁCTICAS! Repito: ¡HACES LAS PRÁCTICAS! Por si no te quedó claro: ¡¡¡HA–CES–LAS–PRÁC–TI–CAS!!! hasta que sientas que estás lista para pasar al próximo ejercicio o mensaje de Tu SABIA.

Una segunda posibilidad es respirar unas cuantas veces para centrarte y luego abrir el libro al azar para ver en qué cuento aterrizas… Entonces lo lees, observas y analizas cómo se relaciona con tu situación vital y ¡HACES LAS PRÁCTICAS! Repito: ¡HACES LAS PRÁCTICAS! Por si no te quedó claro: ¡¡¡HA–CES–LAS–PRÁC–TI–CAS!!! hasta sentirte lista para moverte al próximo ejercicio o mensaje de Tu SABIA.

La tercera posible manera para leer este libro es que verifiques en el índice de temas que te ofrezco al principio del libro e identifiques el que más te mueva. Empieza por ahí tu encuentro con Tu SABIA y el camino a tu vida más FELIZ!

¡AH! Se me ocurre incluso una más… mezclar todas las maneras anteriores según se te antoje. ¡O, inventarte tú misma una nueva! Tal vez un día vas al índice buscando un tema que te mueve… a la mañana siguiente, abres el libro al azar… caiga donde caiga, bien sea Cuento o Práctica…y por ahí te lanzas. Quién sabe si hasta se te ocurre mezclar los Cuentos y las Prácticas. En verdad, las posibilidades son infinitas...

Por otro lado, he aquí ¡OTRA! Cada vez que pierdas tu paz, tu centro, pregúntate: "¿Cuál es el cuento de mi LOCA que me estoy creyendo en este momento?" "¿Qué me está diciendo mi LOCA?" Una vez lo identifiques, búscalo en la lista de temas que te ofrezco... y... ¡ya sabes qué hacer! ¡HACES LAS PRÁCTICAS! Repito: ¡HACES LAS PRÁCTICAS! Por si no te quedó claro: ¡¡¡HA-CES-LAS-PRÁC-TI-CAS!!!

Como puedes ver, hay múltiples y variadas maneras para "sacarle el jugo" a esta herramienta. Mi invitación es que juegues, disfrutes y encuentres las reflexiones que mejor funcionen para ti.

La oportunidad mayor es confiar en que Tu SABIA siempre sabe lo que necesitas... y permitirle que te guíe... empezando ¡YA!

Lo más importante no es el orden ni el método que utilices para leer el libro, sino que hagas las PRÁCTICAS. ¡Para eso están ahí! Si hay algo de lo que no me queda duda alguna es de esto: No es tu conocimiento lo que va a transformar la calidad de tu vida, sino tus PRÁCTICAS.

No pretendo, ni soy tan ilusa como para pensar, que vas a hacer todas las sugerencias que incluyo en el libro. Eso, ni se me ocurre. Sin embargo, esto SÍ te digo: leer este, o cualquier libro como este, sin retarte a alguna de las oportunidades de practicar algo nuevo y diferente, lo único que va a lograr es hacerte sentir un poquito mejor o diferente, o más sabionda, por un ratito y luego vas a volver a lo mismo: los mismos hábitos y patrones que ya se han convertido en tu "piloto automático".

Considera que no hay accidentes; que por algo tienes este libro en tus manos. Imagina que la calidad de tu vida está en juego. Porque si has leído hasta aquí, mi apuesta es que tu vida está en juego. Tal vez no literalmente. Es posible que nadie te esté apuntando a la cabeza con una pistola. Pero si la calidad de tus relaciones (empezando por tu relación contigo misma), el futuro de tus sueños (si te "quitas" o si das para adelante en medio de la incertidumbre y el miedo), o tu visión de lo que es posible... Si algo de eso está en juego, entonces, mi amor... no sé tú, pero yo a eso le llamo: TU VIDA.

Mi invitación es que te regales la oportunidad de hacer aquellas PRÁCTICAS que resuenen para ti... las que le "canten" a tu corazón. Tu vas a saber exactamente cuáles son. Recuerda... Tu SABIA ¡siempre sabe!

El tiempo ha llegado para ti. Tiempo de confiar en esa voz sutil, pero firme dentro de ti... esa voz que no se va a callar hasta que la honres. La voz de Tu SABIA. ¡La voz que te trajo hasta aquí!

ᵀᵁLOCA

Tengo que agradar (o caerle bien) a todos.

ᵀᵁSABIA

¡Wow! He aquí la receta perfecta para una vida inauténtica. Y… frustrada… y… resentida. Calladita, bonita… y frenética. Víctima de todos, pero en realidad, de ti misma. Y, por supuesto, de creerte este cuento.

Esta actitud (que tantas mujeres adoptamos sin darnos cuenta), sin embargo, no es difícil de entender. Romper con la imagen de "niña buena" puede parecer aterrador. Después de todo, creciste siendo recompensada por obedecer, pedir permiso, mantenerte "dentro de la raya", y ser agradable. Todavía, al día de hoy, las investigaciones muestran que algunos de los atributos que se consideran socialmente importantes para las mujeres son: "¡Ser delgada, agradable y modesta!"¡¡¡Ay, Dios mío!!!

El mensaje que has recibido dice que si quieres ir a la segura, lo mejor es quedarte pequeña, callada y lo más atractiva posible. Fantástico.

La pregunta relevante aquí y ahora es la siguiente: "¿Qué quieres de verdad?, ¿Cuál es el anhelo verdadero de tu corazón? ¿Ir a la segura? ¿Eso quieres? ¿Vivir una vida dedicada a ignorar tus propios llamados y deseos en pos de obedecer las reglas y opiniones de otros?

Sin duda alguna, lo que sea que escojas tendrá sus precios. El hecho de comenzar a escuchar y expresar tu voz auténtica puede incomodar a aquellos que están acostumbrados a usarte como alfombra. Por lo menos en lo que se adaptan a relacionarse contigo de maneras nuevas.

¿Pero, sabes qué va a pasar eventualmente, si no te dejas vencer por el miedo y optas por quitarte la máscara de niña buena? Aquellos que verdaderamente te amen y te quieran bien, harán sus ajustes pertinentes y disfrutarán de una relación mucho más sabrosa contigo. De hecho, te agradecerán tu honestidad.

Aquellos que necesitan manipularte… ¿Estás segura de quererlos en tu vida?

PRÁCTICA

- Nota y anota qué es lo peor que tú temes que otros digan o piensen de ti. ¿Que te crees una Diva… que eres una engreída…o, peor aún, una mala mujer?
- ¿Quiénes, específicamente, son esos "otros"? Lo que se sabe, en el campo de la conducta humana, es que típicamente esos "otros" o lo que llamamos "la gente" son de tres a cinco personas específicas en tu vida. En la medida en que los identificas, se te facilita liberarte del miedo a sus críticas o juicios. Evalúa los precios que pagas cada vez que ignoras lo que de verdad sientes o quieres por no arriesgarte a la desaprobación de otro. Piensa cómo terminas

sintiéndote, primero hacia ti misma y luego hacia aquellos a quienes tratas de impresionar.

- Arriésgate, por lo menos tres veces esta semana a que alguna de estas personas piense algunos de esos "sellos" que te dan tanto miedo: "Fulana es una egoísta, Fulana es una engreída, Fulana etc., etc., etc.".

- Analiza el impacto que tomarte este riesgo tiene en ti. Con toda probabilidad, si has vivido toda una vida complaciendo a todos menos a ti, esto te pueda dar miedo antes de hacerlo. Pero observa lo que sucede después de hacerlo. ¿Ves que no se acabó el mundo? Date cuenta de lo que sientes. ¿Será posible que sea libertad?

- Escribe notas afirmativas para ti, que vas a colocar en diferentes lugares donde las veas a menudo. Pueden decir alguna frase parecida a la siguiente:

Yo, _____, me doy permiso para dejar ir a la "niña buena" y recibir a la mujer auténtica que soy ahora.

AFIRMACIÓN

Estoy dispuesta a darme el permiso de encontrar y valorar mi propia voz.

> "Nunca es tarde para ser lo que pudiste haber sido".
> —George Elliott
> Mary Ann Evans, famosa escritora inglesa del siglo XIX que firmaba sus obras literarias con pseudónimo de hombre.

2

ᵀᵁLOCA
Si no me critico constantemente no logro nada.

ᵀᵁSABIA

Eso no es lo que dicen los estudios del comportamiento humano, ni la experiencia, ni el sentido común. Respira y piensa. ¿Qué has notado que sucede en cualquier tipo de relación cuando constantemente se utilizan el regaño y la crítica? ¡Eso mismo! Se deteriora. De igual manera, se deteriora tu relación contigo misma cuando haces eso. Tu autoestima y tu autoimagen, así como la confianza que tienes en ti misma quedan enterradas bajo la avalancha de tus juicios y críticas.

A su vez, la calidad de tus elecciones –de lo que escoges momento a momento– tiene directa relación con el estado emocional en que te encuentras cuando las tomas. ¿Qué tipo de elecciones o decisiones crees que vas a tomar desde el estado mental y emocional que te generas a través de la constante autocrítica?

¡¿Cuán acertadamente crees que puedes elegir cuando tu autoestima y tu confianza en ti misma andan por niveles subterráneos?!

Tratarte con amor y compasión, mientras reconoces todo aquello que puedes valorar en ti: belleza, grandeza, nobleza, y tantos atributos más, no solo se va a sentir grandioso sino que es la manera más efectiva de atraer y crear en tu vida más de todo aquello que quieres. Desde la alegría, el gozo, y la paz contigo misma puedes tomar las decisiones y acciones que se alinean con los deseos verdaderos de tu corazón.

PRÁCTICA

Los siguientes pasos te van a ayudar a ser más amorosa y compasiva contigo misma:

- Pregúntate: ¿De qué manera o en que áreas de tu vida te estás "latigando"?
- ¿Qué crees que sucedería si dejaras de "latigarte"? ¿Crees que te convertirías en un desastre de persona… que no harías nada productivo… que engordarías cincuenta libras… etc., etc.?
- Nota lo que castigarte REALMENTE produce. Tal vez si dejaras de castigarte comenzarías a caminar todos los días… o enviarías ese resumé que hace meses te pidieron… o, por fin te darías la oportunidad de conocer a alguien diferente…
- Decide experimentar con actos de compasión y amor propio. Tal vez comprarte tu producto de baño favorito, o dar una caminata por un lugar que te encanta, o sentarte en tu butaca preferida y disfrutar un té… Míralo como un experimento. Pensar que es solamente un experimento de autoinvestigación te ayudará a minimizar tu resistencia ante lo nuevo. Cuando vayas a darte permiso para disfrutar algún acto amoroso contigo misma repite: "Es solo un experimento".
- ¿Cuál sería un acto radical de amor propio que podrías tomar en algún área de tu vida? Tal vez

decir que NO a un pedido de alguien… tal vez salir a compartir con alguien… solo por divertirte. Elabora tu lista personal de actos radicales de amor propio.

- ¡Alimenta y celebra tu grandeza! Una manera favorita mía es convertir mi baño en todo un ritual, incluyendo "scrub" favorito, copa de vino y música de Yanni tocando de fondo. Luego, ponerme alguna ropa en la que me siento cómoda y bella a la vez y continuar en la misma tónica de celebración acompañada de música sea lo que sea que voy a hacer. ¿Qué te encantaría hacer a ti por ti?

AFIRMACIÓN

Mi misión más importante en la vida es amarme a mí misma.

> "Mientras más te amas, más vas a creer que puedes lograr lo que te propongas. Y, mientras más creas eso, más probable es que así sea."
> —Kathryn Woodward Thomas
> Maestra espiritual norteamericana, autora del libro *Calling in the One* y co-creadora del movimiento "Feminine Power".

3

TU LOCA

No tengo poder.

TU SABIA

Ay, mi vida… ¡Qué poderosa eres! Tan poderosa que tienes la capacidad de inventarte este cuento y creértelo. ¡Ah, y no solo creértelo sino que además eres capaz de inventarte la evidencia para probarlo. Pero, ¿qué vino primero, el huevo o la gallina? ¿Conseguiste la evidencia de que todos tienen más poder que tú porque objetivamente eso es así? ¿O, tienes la evidencia de tu debilidad porque un día decidiste que esa era la verdad?

Y, si así lo decidiste, ¿en qué te basaste para llegar a esa conclusión? ¿En un suceso o en una serie de sucesos que ocurrieron en tu vida pasada?

No importa lo que haya sucedido, ni qué edad tenías cuando eso ocurrió, el punto relevante es que este es otro momento de tu vida. Aquí y ahora el pasado existe solo como una historia en tu mente. Lo único que hace que ese cuento se sienta real es que tú misma decidiste creértelo.

Sí, yo sé que las emociones son reales, pero existen como resultado del cuento que te estás creyendo. Este es el orden: cuento primero, emociones después.

Imagina, sin embargo, que hoy pudieras decidir que tienes el poder para crear tu vida tal como la quieres. ¿Cómo se siente eso? ¿Excitante, o aterrador? Si no se siente excitante, te invito a que te hagas la siguiente pregunta: ¿Será posible que de alguna manera te hayas aferrado a esa postura de falta de poder porque es más cómodo ser una víctima y evadir la responsabilidad por lo que está sucediendo en tu vida?

Ese es el camino escogido por muchas mujeres. Tiene sus recompensas, sin duda alguna: evades, culpas a otros y te recuestas de ese cuento para sentir pena por ti misma y excusar tus comportamientos irresponsables. Pero, considera los precios: creerte incapaz te lleva del aburrimiento a la depresión y te hace sentir que tu vida no tiene sentido.

Por el contrario, responsabilizarte y asumir el poder en tu vida te abre las puertas a reclamar lo que sea que anhelas y a lo que tal vez hace tiempo renunciaste. Retomar el poder te permite que todo aquello que un día decidiste que ya no podías lograr se convierta en una nueva posibilidad. ¿No crees que valdría la pena recuperar tu poder?

PRÁCTICA

Lo mejor aquí va a ser que te hagas algunas preguntas:

- ¿Cuánto poder tienes sobre tus emociones? Aunque a veces es fácil sentir como si tus emociones se apoderaran de ti, la verdad es que antes de que afloren esas emociones, hay algún cuento que te estás creyendo y que es lo que alimenta esa emoción en ti. No es verdad que las emociones llegan de la nada.

- ¿Cuánto poder tienes sobre tus cuentos (pensamientos)? Bueno, mi amor, si bien es cierto que controlar tus pensamientos no es tan sencillo –una vez más– lo que sí te ayuda es hacerte preguntas. En otras palabras, debes cuestionar todo aquello que estás creyendo. Verifica lo que sucede cuando te haces esta pregunta: (tomada del trabajo de esa gran maestra Byron Katie) "¿Puedo estar 100 por ciento segura de que este cuento es cierto?". El hecho de plantearte esta pregunta con sinceridad, inmediatamente servirá para aflojar la garra de ese cuento y por consiguiente suavizará toda la secuencia de emociones que de otra manera le seguiría. Viste, ¡qué maravilla!

- Escoge una perspectiva de vida diferente para ti. Una perspectiva que te haga sentir poderosa y afírmala por escrito o en voz alta. Por ejemplo: "Ahora es que empiezo a tomar mis decisiones", "Comienzo ahora a descubrir mi poder", o cualquier otra frase afirmativa creada por ti. Vívela por una semana. Observa y anota lo que sucede.

AFIRMACIÓN

Soy más poderosa de lo que jamás he imaginado.

"Una mujer es el círculo completo. En ella está el poder para crear, nutrir y transformar".

—Diane Mariechild
psychologytoday.com

4

ᵀᵁLOCA

Voy a tratar.

ᵀᵁSABIA

Escucho esta frase y me pregunto cuál será la verdad detrás de este cuento que he escuchado tantas veces. ¿Te estás colocando en la perfecta mentalidad para el fracaso de manera que puedas seguir justificándote y evadiendo arriesgarte de verdad? ¿O, simplemente te han pedido que hagas algo que no quieres hacer y contestas "Voy a tratar" para salir del paso? Y, si recurres a esa trillada frase con ese propósito, te pregunto: "¿De dónde viene esa actitud? ¿Qué es lo que crees que sucedería si te atrevieras a ser honesta?".

El momento en que adviertes que la frase "Voy a tratar" sale de tu boca, es la oportunidad perfecta para hacerte estas preguntas. Este es el tiempo para descubrir si en verdad estás comprometiéndote con algo que no es auténtico para ti, algo que no deseas hacer o si en realidad no te crees capaz de lograrlo y prefieres dilatar el proceso descansando en esa muletilla verbal.

La única manera de vivir tu verdadera vida es diciendo tu verdad, empezando por decírtela a ti misma.

PRÁCTICA

A llevar a cabo la próxima vez que te sorprendas diciendo la frase "Voy a tratar":

- Para y date cuenta de lo que está ocurriendo dentro de ti. Esto con lo que estás a punto de comprometerte, ¿lo quieres hacer de verdad? ¿Te sientes obligada? ¿A quién? ¿Por qué? ¿Le sirve de verdad a alguien que te sobrecomprometas para hacer algo que no quieres o no puedes hacer?

- Tal vez no te quieres comprometer con el pedido en su totalidad, pero hay alguna parte a la que podrías decir que "Sí" sintiéndote bien contigo misma. ¿Qué tal sería practicar esto? Por ejemplo: "No voy a poder llevarte hasta tu casa, pero puedes contar conmigo para estar presente en la actividad y permanecer por dos horas allí". ¿Cómo te sentirías al intentar algo así?

- Presta atención a cómo se siente tu cuerpo cada vez que dices la frase "Voy a tratar", a pesar de que sabes dentro de ti que es poco probable que lo hagas o, peor aún, que de antemano ya habías decidido no hacerlo. Nótalo. De verdad, ¡detente y nótalo!

- ¿Es así como te quieres sentir? ¿Crees que mereces ir por la vida sintiéndote así?

AFIRMACIÓN

Practico ser honesta, clara y específica en mis compromisos. Mi palabra es valiosa.

> "No trates. Hazlo… o no. Tratar no existe".
> —Yoda
> Maestro Jeddi de la película "La Guerra de las Galaxias".

ᵀᵁLOCA
Si no tengo pareja estoy incompleta.

ᵀᵁSABIA

Repite conmigo: ¡No hay nada, nada, pero que nada más peligroso para tu bienestar personal y, de paso, para tu vida de pareja que este cuento! ¡He ahí la base de todos tus "rollos" de pareja!

Respira. Piensa. ¿Cómo te sientes cuando crees que sin "esa" otra persona estás incompleta? Con toda probabilidad triste, ansiosa o angustiada. Cómo mínimo, dependiente. Ahí está la gravedad del problema. Desde ese sentimiento de dependencia casi infantil es muy probable que suceda una de dos cosas: que termines engañándote a ti misma y aceptes acciones o maneras de ser de tu pareja que en verdad no te honran o, peor aún, que termines saboteando o asfixiando la que tal vez podría haber sido una hermosa relación, de no ser por tu percepción distorsionada de que sin el otro no estás completa.

Mírate bien. Estás completa y en una sola pieza tal como eres. Que sea muy sabroso, que te encante o prefieras estar en pareja es una cosa, pero que estés incompleta sin tenerla es otro cuento. Tal vez un cuento con mucho consenso cultural –nueve de cada diez mujeres que conozco creen que están incompletas si no tienen pareja– pero un cuento al fin. Algo así como el cuento de La Cenicienta, La Bella Durmiente o Blanca Nieves y los Siete Enanitos, que sonaron bonitos y nos los creímos y después vimos lo que pasó con eso… NADA… ¡eran pura fantasía!

Y, sin embargo, lo importante siempre es tu propia experiencia. Verifica contigo misma: ¿Cómo te ha ido creyéndote este cuento? ¿Qué tipo de relaciones has generado a partir de esta idea? ¿En qué tipo de mujer te conviertes cuando operas desde esa creencia?

PRÁCTICA

- Haz una lista de las promesas que quisieras que te hiciera tu pareja: "Nunca te dejaré", "Te amaré para siempre", "Puedes confiar en mí"… etc. Házlas tú a ti misma. Mejor aun: escríbelas como un manifiesto de tu compromiso de amor contigo misma.

- Comprométete de verdad, desde adentro. Si esto te suena ridículo ESA es la razón más importante para que lo hagas. ¿Qué te dice eso de tu relación contigo? ¿Cómo te parece querer que otro te ame incondicionalmente cuándo a ti te cuesta tanto siquiera decirte que te amas?

- Haz una lista de acciones concretas que vas a adoptar para honrar tus promesas anteriores. Por ejemplo: tener una cita contigo misma por lo menos una vez al mes… para hacer lo que se te venga en gana… algo plenamente disfrutable para ti… comenzar un pasatiempo abandonado u otro completamente nuevo… cualquier tipo de actividad o práctica que te nutra y traiga paz o alegría a tu vida.

- ¡Cúmplelas! ¡Observa y toma nota de lo que comienza a suceder!
- Repite una de tus promesas a ti misma (Práctica 1) todos los días frente al espejo. Sí. Eso dije. ¡Frente al espejo! Hasta que te lo puedas decir con amor. Hasta que ya no te sientas ridícula. Y, entonces, ¡continúa!

AFIRMACIÓN

Estoy plena y completa tal cual soy. Quien llega a mi vida viene a acompañarme, no a completarme.

> "El concepto de la otra mitad y el de la media naranja solo han fortalecido en la imaginaria una noción incompleta de nosotras mismas […] nadie necesita ser la mitad de nada […] somos seres completos […] todas y cada una de nosotras".
>
> —Marta Rivera Garrido
> Escritora y ensayista dominicana

^{TU}LOCA
Tengo que ser perfecta (o hacerlo todo bien).

^{TU}SABIA

Perseguir la excelencia puede ser un gran valor, mi amor, pero la perfección o el hecho de que podamos hacerlo todo bien es simplemente irrealizable. Repito: IRREALIZABLE. O sea, entiéndase, no lograble. En otras palabras, olvídate de ese cuento si quieres vivir mientras estás viva.

Querer ser perfecta podría ser el equivalente de querer darle a un blanco mientras está en movimiento. No hay manera. Evadir el error o la posibilidad de fracasar solo te puede llevar a la parálisis… o, pensándolo bien… a la total neurosis. Lo más triste es que ese es uno de los cuentos más arraigados en la mente femenina. Es el cuento responsable de mucha de nuestra frustración cotidiana. ¡¡¿Cómo ser la mujer, esposa, amante, madre, hija, vecina, amiga, compañera de trabajo, etc., etc., perfecta… y encima de todo eso tener las nalgas y los senos perfectos también?!! ¡Se trastorna cualquiera!

Lo que se sabe luego de años de investigación de la psiquis humana (te invito a verificar el libro *The Gifts of Imperfection*, de la socióloga americana Brené Brown) evidencia todo lo contrario. Solo abrazando tu imperfección puedes amarte totalmente… y solo si te amas puedes dar lo mejor de ti. De modo, que solo si renuncias a la locura de la perfección serás libre para hacer lo mejor que sabes y puedes momento a momento. Esa es la ironía. Abrazar tu imperfección te permitirá lo que la obsesión con la perfección te imposibilita.

Considera lo siguiente: la diferencia más grande entre la gente altamente exitosa y los mediocres o fracasados es que los primeros han fracasado ¡muchas más veces!

PRÁCTICA

Completa las siguientes oraciones:

- Mi perfeccionismo me está costando… Por ejemplo: posponer proyectos importantes, sentirme estancada, no poder pasar tiempo con la gente que amo, falta de satisfacción personal, frustración o ataques de ansiedad masivos, entre otros conflictos.

- Lo que gano con mi perfeccionismo es… (Este planteamiento parte de la premisa dentro del campo de la psicología de que los seres humanos no perpetuamos ningún comportamiento a menos que de alguna manera ganemos algo). Por ejemplo: evadir riesgos, quedarme en mi zona cómoda, culpar a otros de lo que no logro, y justificarme, entre otras formas de autoengaño.

Pregúntate:

- ¿Qué podría convertir en algo más importante que ser perfecta y que me ayudaría a moverme hacia delante? Tal vez disfrutar de cada pequeño logro, la alegría de ver completada una tarea, el progreso de crecer un poco cada día, saber que estás en acción, hacer lo que amas y te hace feliz, reconocer que no necesitas ser perfecta.

AFIRMACIÓN

Yo valoro _____
(hacer lo que amo, aprender, ser valiente, mantenerme en acción, arriesgarme, amar, etc.)
más que ser perfecta.

> *"El perfeccionismo es autoabuso de primer orden".*
> —Anne Wilson Schaeff
> Psicoterapeuta y maestra norteamericana,
> autora del libro *Women's Reality*, entre otros *bestsellers*.

7

TU LOCA

Ser vulnerable es peligroso.

TU SABIA

Sí. Ser vulnerable quiere decir que los golpes, las decepciones y los desengaños te van a doler, los vas a sentir con intensidad, sin duda alguna. También quiere decir que podrás conectar de forma auténtica y profunda con otro ser humano. Podrás experimentar gozo del bueno y pasión de la verdadera. Además, podrás maravillarte ante lo que merece ser celebrado y reconocido. Te atreverás a reírte hasta las lágrimas y te darás el permiso para conmoverte ante lo que es bello; un amanecer, una obra de arte, o la sonrisa de un ser que amas.

Ser vulnerable quiere decir que podrás experimentar la vida en su totalidad y eso, indudablemente, conlleva riesgos. No hay logro, ni personal ni profesional, que no conlleve exponerte o arriesgarte de algún modo para lograrlo.

Pero, a ver, ¿cuál es la alternativa para no sentir dolor? ¿Cerrarte, endurecerte, anestesiarte?

Eso solo funciona si quieres vivir a medias. Si quieres sobrevivir y no vivir. No puedes anestesiarte para evitar exponerte a sufrir dolor, y al mismo tiempo experimentar el amor, el gozo y la magia de la vida en toda su magnitud. Para vivir a plenitud tendrás que sentirlo todo: placer y sufrimiento. Cerrarte a tu vulnerabilidad es cerrarte a la vida misma, robarte la mitad del repertorio humano. ¿Eso es lo que quieres?

¿Qué crees que es más peligroso: vivir intensamente, con todo lo que eso implica, y después morirte, o vivir muerta en vida, y después morirte de todas formas?

PRÁCTICA

- Cierra los ojos e imagínate parada frente al espejo:
- Imagínate cerrada, protegida, escondida detrás de una pared invisible, dedicada a no permitirte a ti misma sentir, a no experimentar tu vulnerabilidad. Proyéctate al futuro... En un año: ¿Cómo te ves? ¿Cómo te sientes? ¿Cómo le hablas a tus seres queridos? ¿Qué tipos de relaciones tienes? ¿Cómo te sientes por dentro? ¿Cómo se siente tu cuerpo? ¿Cuál es la expresión de tu rostro? Luego, hazte las mismas preguntas pero visualizándote en cinco años... en diez años... en veinte años... al final de tu vida.
- Ahora imagínate viviendo en apertura y riesgo ante todas las experiencias que te presente la vida. Proyéctate al futuro... En un año: ¿Cómo te ves? ¿Cómo te sientes? ¿Cómo le hablas a tus seres queridos? ¿Qué tipos de relaciones tienes? ¿Cómo te sientes por dentro? ¿Cómo se siente tu cuerpo? ¿Cuál es la expresión de tu rostro? Luego visualízate en cinco años... diez años... veinte años... al final de tu vida?
- Practica decir: "Te amo", o "Lo siento", o "Me gustas", o "¿Te gustaría ir al cine?"... ¡Primero!

- Practica comunicar cuando algo te duele o no te hace sentir bien…¡inmediatamente!

AFIRMACIÓN

Tengo la fortaleza interna para abrirme a la vida en toda su grandeza. En mi vulnerabilidad está mi fortaleza.

> "No podemos anestesiarnos selectivamente. Cuando anestesiamos las emociones negativas también anestesiamos las positivas".
>
> —Brené Brown
> Socióloga y oradora americana, autora del libro *The Gifts of Imperfection*

ᵀᵁLOCA

La vida no es justa (ese es mi problema).

ᵀᵁSABIA

¡La pegaste, por fin! Tienes toda la razón. Nuestra "Maestra Vida" no es justa. Pero, te tengo noticias; tampoco es injusta. La verdad es que nunca sabremos –por lo menos en este plano material– si todo está perfectamente orquestado y en algún antes o después todo cobrará sentido, o si, por el contrario, es un loco juego de azar sin sentido alguno. Por el momento, la vida es como es. Y, algo me hace pensar que a la vida le tiene bastante sin cuidado tu opinión y la mía. En realidad, parece ser que le es irrelevante. ¿Te has dado cuenta de que mientras pierdes tu tiempo opinando sobre cómo deberían ser o no ser las cosas, la vida simplemente sigue adelante? Y para serte franca, pienso que eso es perfecto.

¿Se te ha ocurrido alguna vez que "LA INJUSTICIA" no es algo personal contra ti? ¿Has mirado alrededor lo suficiente para enterarte de que no tienes el monopolio del dolor?

Lo único relevante aquí, si estás viva –y si estás leyendo estas palabras es evidente que estás vivita y coleando– es cómo estás viviendo momento a momento. ¿Estás diciendo presente a tu propio camino, el real y auténtico para ti, no el de tu vecina? ¿Estás participando con todos tus sentidos y los recursos a tu haber en cada evento de tu vida, desde los más pequeños y cotidianos hasta los más grandes y retantes, o te estás perdiendo el privilegio de estar viva? ¿Estás invirtiendo todos tus recursos y tu energía en sobrevivir, escondiéndote, resistiéndote y protegiéndote, sobre todo de ti misma y de tu verdad? ¿Qué estás haciendo? ¿A qué te estás dedicando?

Si la vida es justa o injusta, es simplemente otro juicio tuyo. Justa o injusta, es la única que tienes. ¿Cómo la estás viviendo? Eso es lo único relevante.

PRÁCTICA

Por la próxima semana, cada vez que te acuerdes, hazte las siguientes preguntas. (Sí, eso dije: "cada vez que te acuerdes". Fíjate cuántas veces se te va a olvidar… ¡sin castigarte!)

- ¿Qué estoy sintiendo?
- Quien estoy siendo, ¿refleja quien genuinamente quiero ser?
- ¿Hay algo entre quien estoy siendo en este momento y quien quisiera ser? Si es así… ¿Qué es?

Date cuenta. Es todo.

AFIRMACIÓN

Digo presente a mí vida y doy lo mejor de mí momento a momento.

> "Es preciso abandonar la vida que habías planificado para poder vivir la vida que te está esperando".
> —Joseph Campbell
> Antropólogo y escritor norteamericano, autor de *The Hero's Journey*

^{TU}LOCA
Si tengo pareja o hijos me pierdo a mí misma.

^{TU}SABIA

Bueno, vamos por partes. Hay varias razones por las que esto puede parecer y hasta sentirse como que es cierto. En primer lugar, puede ser que eso haya sido lo que hiciste en el pasado. Otra posibilidad es que los modelos que te rodean sean representativos de esa idea. Una tercera opción es que esa sea una de esas "verdades" culturales que las personas repiten como el papagallo sin retarlas ni cuestionarlas.

Este cuento parte de la premisa de que hay una sola manera de ser mamá o pareja. Sin embargo, lo cierto es que los seres humanos somos complejos y en cada una de nosotras hay infinitas posibilidades de maneras de ser. Tú no tienes que ser la versión televisiva o de las películas de lo que representa ser una buena mamá o una excelente pareja.

Tú puedes escoger tu propia versión de pareja, tu versión única de mamá. De hecho, en la medida en que abrazas tu estilo único y auténtico serás una mejor mamá o pareja, o lo que decidas ser, y te aseguro que también tendrás mejores relaciones en general. Además: ¡¡¡¿Quién quiere tener una pareja o mamá genérica?!!!

Solo trayendo tu autenticidad a todos tus roles puedes dar lo mejor de ti. Cada rol que decidas adoptar de forma auténtica te permitirá acceder a nuevos colores o maneras de ser en ti.

¡¿Por qué no abrazarlos todos?! ¡¿Quién dice que no eres suficiente?!

 PRÁCTICA

- Haz una lista de todos los roles que "juegas" en tu vida: hija, mamá, esposa, amiga, atleta o deportista, presidenta de tu compañía, artista, etc.
- ¿Cuáles estás ejercitando? ¿Cuáles estás abandonando? Tal vez la artista no ha creado nada últimamente o la corredora no se ha puesto ni las "tennis" para hacer un calentamiento…
- Escoge uno de esos roles que disfrutas, pero que has descuidado, y planifica por lo menos tres veces en que lo puedas ejercitar durante el próximo mes. ¿Qué requerirías hacer o quién necesitas ser para incorporarlo a tu sistema de vida, de manera que funcione para tu familia o tu relación de pareja? ¿Será posible que haya llegado el momento perfecto para tener un nuevo nivel de comunicación con aquellos que amas? ¿Será que es tiempo de practicar la sana costumbre de pedir y recibir apoyo? ¿Qué te pide este tiempo?

AFIRMACIÓN

Reclamo ahora mi derecho a definir mis propios roles. Mi estilo es el mío propio, único y maravilloso.

> *"La vida comienza donde termina tu zona cómoda".*
> —Neale Donald Walsh
> Autor del bestseller *Conversaciones con Dios*

10

ᵀᵁLOCA

Si fracaso, seré una fracasada.

ᵀᵁSABIA

¡Qué bueno que el inventor estadounidense Thomas Alva Edison no pensaba como tú! De haber sido así no tendríamos hoy la luz eléctrica. ¡Ufff! Gracias a que se permitió tantos "fracasos" tenemos hoy el privilegio de tocar un *"switch"* y pasar de la total oscuridad a la luz.

¿Qué te parece? Y, lo cierto, es que él es solo uno de tantos hombres y mujeres que se dieron permiso para "fracasar" o lo que en un lenguaje más positivo podríamos llamar: cometer errores o simplemente experimentar.

A lo largo de la historia hemos podido comprobar que en la mayoría de los casos el éxito viene solo después de obtener –quién sabe cuantas veces– un resultado que no era el deseado. O sea, después de "fracasar" desde algunas hasta muchas veces. Es de esa manera como tantas personas que admiras llegaron a obtener finalmente los resultados que buscaban, o sea, ¡a tener éxito! Si se hubiesen detenido a fustigarse con el cuento del fracaso la primera vez que no lograron el resultado que buscaban… ¡¡imagínate!!

Si no estás fracasando, o sea, obteniendo un resultado diferente al que persigues, en algún área de tu vida, existe una alta probabilidad de que estés viviendo una existencia cómoda y limitada. El problema con esto es que la palabra "cómoda" ni capta ni refleja el impacto real de lo que una vida libre de riesgo o retos genera en nosotras.

A través de investigaciones que se han hecho en el campo de la neurociencia, sabemos que bio químicamente, en el momento en que nos retamos casi al punto de que algo sea demasiado difícil, es cuando segregamos las cantidades mayores de las hormonas que se asocian con la felicidad. ¡Es pura fisiología! La comodidad puede resultar placentera, pero el reto nos hace vibrar de una manera mucho mas poderosa. Esto es ciencia. Necesitas retarte o arriesgarte de alguna manera para sentirte plena y feliz. Si estás viviendo de esta forma arriesgada, lo natural es que habrán veces en las que no alcances el resultado anhelado… no en el primer intento. Esto es parte del proceso.

La invitación hoy es a que consideres la posibilidad de que cada "fracaso" sea simple y sencillamente una prueba de que estás viviendo tu vida con valentía y tesón o, como mínimo, que te estás atreviendo a experimentar.

¿Estás segura de que alguien que escoge vivir de esa manera puede llamarse una "fracasada"?

PRÁCTICA

- Haz una lista de todo aquello que harías, riesgos que tomarías, conversaciones que tendrías, pedidos que solicitarías si no tuvieras miedo a fracasar.

- Por cada una de esas actividades riesgosas escribe qué es lo peor y lo mejor que podría pasar si te lanzaras a hacerlas.
- Escoge una y da un primer paso hacia lograrla.
- Observa cómo resulta tu experiencia.
- Trae a tu mente algún logro importante que has tenido. ¿Recuerdas el temor que sentiste en algún momento de no poder lograrlo? Imagina qué habría sucedido si hubieses permitido que ese temor te hubiera detenido…

AFIRMACIÓN

Puedo sentir mis temores y, a pesar de ellos, moverme de cualquier manera en la dirección de los anhelos de mi corazón.

> "Muchos de los fracasados de la vida son gente que no se dieron cuenta de lo cerca que estaban del éxito cuando se rindieron".
>
> —Thomas Alva Edison
> Reconocido inventor norteamericano, creador de más de mil inventos, entre los que se destacan: el fonógrafo, así como el filamento que permitió perfeccionar la lámpara incandescente y encender por primera vez –el 21 de octubre de 1879– una bombilla por cuarenta y ocho horas seguidas.

11

ᵀᵁLOCA
Tiene que haber algo más que esto.

ᵀᵁSABIA

A ver, queridísima mía, repasemos los hechos reales. La realidad es que… Esto es lo que hay. Punto. Esta es tu vida. Ni más ni menos. Si estás respirando, cosa que tu mera presencia aquí demuestra, en este momento tienes el regalo más grande de todos: la vida misma.

Y, eso, ¿qué quiere decir? Que todo lo demás está en tus manos. Que tienes la posibilidad de hacer lo que quieras con tu vida. Lo que te venga en gana.

Si te das cuenta, el príncipe (o la princesa) azul es solo un ser mortal que está luchando sus propias batallas y el escuadrón de rescate no va a llegar. Entiéndase: nadie te va a rescatar.

La calidad de tu vida está en tus manos. En las tuyas nada más. Tu vida es eso… Tuya. Tu privilegio. Tu responsabilidad.

Tal vez en este instante no estés tan encantada con lo que estás viviendo. La buena noticia es que eres tú –y solamente tú– quien tiene el poder de escoger la perspectiva de dónde vas a vivir en cualquier momento dado. Y en este momento que, como todos, es una oportunidad para volver a escoger, tú puedes decidir que este sea un nuevo despertar.

¿Por qué esperar que algo o alguien te despierte, cuando te puedes despertar tú misma?

PRÁCTICA

- Saca un tiempo aparte para sentarte en un espacio privado y seguro donde puedas meditar en torno a tu vida. Es decir, reserva un momento específico para prestarle atención a la forma en que has vivido.

- Siéntate en posición cómoda y respira profundamente por lo menos unas cinco veces. Continúa con este ejercicio y permite que tu respiración encuentre su propio ritmo.

- Imagina lo siguiente: Mueres y llegas a un lugar donde hay un panel de jueces que te van a ayudar a evaluar tu propia vida: ¿Quién fuiste? ¿Cómo viviste? ¿A qué asuntos les diste prioridad? ¿Qué sueños perseguiste? ¿Dónde te rendiste por miedo? ¿De qué culpaste a otros? ¿Te amaste incondicionalmente? ¿Te respetaste o toleraste y permitiste acciones de otros hacia ti que no te honraron? Plantéate estas preguntas y otras que se te ocurran para darle claridad y propósito a tu vida.

- Imagina ahora que te conceden la oportunidad de regresar y hacer enmiendas. ¿Qué cambios harías? ¿A quién le comunicarías tu inmenso amor? ¿Qué relaciones tóxicas soltarías? ¿Qué anhelos perseguirías? ¿De qué manera tus prioridades serían diferentes? ¿Cómo te tratarías? ¿Qué riesgos tomarías?

- ¡Comienza YA! Porque lo cierto es que una vez te vayas –y te aseguro que te vas a ir– ¡NO vas a tener la oportunidad de regresar!
- Anota ahora mismo los primeros tres cambios o acciones radicales que vas a tomar para encaminar el rumbo de la vida que quieres disfrutar y comprométete a adoptarlos.

AFIRMACIÓN

Quien he sido y como he vivido hasta este momento no tiene nada que ver con lo que puedo escoger para mi vida de ahora en adelante.

> "El máximo valor de la vida depende de tu nivel de conciencia y poder de contemplación, y no de la mera sobrevivencia".
>
> —Aristóteles
> Filósofo, científico y maestro griego
> Su obra *De Anima* se considera
> el primer tratado científico de la filosofía y de la psicología.

12

ᵀᵁLOCA
¡¡Soy un fraude total!!

ᵀᵁSABIA

Este cuento es tan popular. Tan común. Tan arraigado entre las mujeres, que tiene hasta nombre oficial en el campo de la psicología: ¡Síndrome de Impostora! ¡Imagínate!

Es el cuento que te grita por dentro que no estás preparada para la oportunidad que se te presenta, que no mereces lo que tienes, o que en cualquier momento van a descubrir "tu verdad" y vas a perder tu credibilidad o la posición privilegiada que tienes. Peor, la voz de Tu LOCA, en esta ocasión, implica que tus logros no son el resultado de tu capacidad o tu esfuerzo, sino que son producto de factores externos y prácticamente accidentales que nada tienen que ver con tu ejecutoria ni mucho menos con tu responsabilidad. Este fenómeno lo observaron originalmente en los años ochenta durante un estudio que se llevó a cabo con mujeres altamente exitosas. ¡Estás en buena compañía!

Es uno de los cuentos favoritos de Tu LOCA, sobre todo a la hora de enfrentar eventos que implican crecimiento o riesgo. ¡Oh sí! Cada vez que Tu LOCA perciba que está en juego su zona cómoda, intentará agarrarse de este cuento.

Pregúntate: ¿De verdad crees que la vida te está regalando algo que no te mereces o para lo que no estás lista?

Mejor aun, revisemos la evidencia….

PRÁCTICA

- Haz una lista de oportunidades, logros o reconocimientos que hayas recibido en tu vida.
- Por separado, analiza y escribe de qué manera generaste ese resultado en tu vida. ¿Qué acciones, riesgos o maneras de ser tuyas te acercaron al logro de esos éxitos?
- También por separado, evalúa y anota tres razones por las que NINGUNA de estas bendiciones es un accidente cósmico o un error del universo.
- ¿De qué te das cuenta? ¿Puedes ver las diversas maneras en que han sido tus propios dones, talentos o acciones lo que ha generado los "regalos" que gozas hoy por hoy?
- Donde dice "ESCRIBE" asegúrate de escribir. Pensar en algo no es igual a verlo en "blanco y negro". ¡Date esa oportunidad! ¡ESCRIBE!

AFIRMACIÓN

Soy merecedora de todo el bien que llega a mi vida y lo celebro en alegría y agradecimiento.

> *"Una persona es limitada solo por los pensamientos que escoge".*
>
> —James Allen
> Filósofo y maestro norteamericano,
> autor del bestseller *As A Man Thinketh*

13

ᵀᵁLOCA

Si mi pareja me ama, debería de saber lo que quiero.

ᵀᵁSABIA

¡Espera! Déjame estar segura de que te entiendo. ¡¿Estás diciendo que si tu pareja (o cualquier otra persona) te ama, debería de poder leer tu mente?! ¡Ay, Dios mío, ahora sí que a Tu LOCA se le fue el tren!

Amar y poder leer la mente son dos cosas bien diferentes. Lo que pretendes suena a puro cuento de hadas o fantasía. Si hay algún cuento de Tu LOCA que podría garantizar el descalabro de una relación es precisamente este.

En el mundo de las relaciones interpersonales, la realidad dicta todo lo contrario. Cuando pides de forma clara lo que necesitas, le das a la otra persona la oportunidad de honrarte y complacerte de la manera que funciona mejor para ti (y, por supuesto, para la relación) sin la incertidumbre de vivir preguntándose si lo está haciendo bien o no.

Por otro lado, el no pedir lo que quieres resulta en conversaciones internas y ETERNAS (sí, dije ETERNAS y así con mayúsculas porque las vas a seguir rumiando) de naturaleza tóxica ¡dentro de tu cabeza!, que terminan envenenando no solo a ti, sino a la relación misma.

¿Cuándo decidiste que pedir lo que quieres disminuye el placer o la alegría de recibirlo? ¿Quién dijo eso? ¿Tú, o es una vieja idea de esas que no sabes ni de dónde vienen pero está ahí, en tu archivo mental?

PRÁCTICA

- Haz una lista de por lo menos tres deseos o anhelos tuyos que mantienes en secreto esperando que alguien los adivine y los cumpla.
- Conviértelos en pedidos. Puedes comenzar por practicar decirlo de la siguiente manera:

"Tengo un pedido que quiero hacerte: ¿Podrías, por favor, _____ (llegar a tiempo a nuestras citas… regalarme rosas en mi cumpleaños… guiar más despacio cuando yo estoy en el carro… etc., etc.)?".

Puede ser que la respuesta que recibas sea un "SÍ" o podría ser que fuera un "NO". Pero, de lo que puedes estar segura es de que cuando te atrevas a pedir lo que quieres, terminarás de una vez y para siempre con las conversaciones que tienes hoy y que te mantienen rumiando dentro de tu cabeza.

De una manera u otra –independientemente de las respuestas que obtengas de la otra persona– la relación se mantendrá "al día". No quedarán asuntos pendientes y habrá claridad respecto a lo que tú quieres y lo que la otra persona puede o está dispuesta a dar.

AFIRMACIÓN

¡Disfruto al pedir lo que quiero y lo recibo con alegría!

> "Tú eres la experta en tu propia vida. La única que sabe la verdad de lo que necesitas".
> —Amy Ahlers
> Autora y CEO de "Wake Up Call Coaching"

14

TU LOCA
¡Fulano(a) (nombre de alguien) me vuelve loca!

TU SABIA

No puede. No tiene ese poder. Nadie puede volverte loca a menos que tú se lo permitas. Eso solo lo puedes hacer tú.

Aquí hay varias posibilidades y ninguna de ellas es que haya alguien ahí afuera que tenga la capacidad o el poder de volverte loca. NO hay nada que pueda hacer o decir nadie que te pueda afectar, a menos que eso que digan o hagan encuentre resonancia en ti, en tu propio pensamiento. Si lo que el otro dice o hace no evoca de alguna manera una creencia tuya, será imposible que te afecte. Piénsalo, si alguien te dice que eres un sapo verde, ¿te afectaría? ¡Claro que no! Te reirías a carcajadas. ¿Cómo así? Porque sabes de sobra que eso no aplica, por una razón muy simple: Te sientes segura de que no eres un sapo verde. De ahí aquel dicho que afirma que si algo pica, posiblemente es porque aplica.

Es siempre un pensamiento tuyo lo que te puede robar tu paz. Que tal vez se active a través de las actitudes o expresiones de otro, es posible, pero sigue siendo tu propio pensamiento lo que te provoca ese estado de incomodidad o enojo.

Otra posibilidad cuando sientes que alguien te está volviendo loca, es que estés tolerando una situación en tu vida que es inaceptable para tu ser auténtico, tu ser esencial. Si ese fuera el caso, la pregunta sería, ¿por qué estás aceptando eso? Si sigues esa línea de cuestionamiento, al final del camino te vas a encontrar con un pensamiento que estás creyendo y que genera ese sentimiento de malestar en ti. Y ese pensamiento, querida mía... ¡es tuyo! Como ves, la pelota... ¡siempre está en tu cancha!

 PRÁCTICA

- Escoge a alguien o alguna situación que "te vuelve loca".
- Pregúntate: "¿Por qué eso me 'vuelve loca'?".
- A esa respuesta vuelve a aplicar el "¿Por qué?". Repite de tres a cinco veces la misma pregunta hasta que llegues al pensamiento tuyo que te está provocando malestar o un juicio en contra de la persona o situación a quien acusas de "volverte loca".
- Por último, aplica las siguientes preguntas al pensamiento que obtuviste:

¿Puedo estar 100 por ciento segura de que eso es cierto? ¿100 por ciento segura? ¿Podría (solo como posibilidad) haber alguna otra manera de mirar esto? ¿Podría haber algún otro significado posible (solo posible)? ¿Podría haber alguna otra manera de contar esta historia?

Observa lo que sucede.

Ivette Rodríguez

AFIRMACIÓN

Yo soy quien único puede determinar cómo me siento.

> *"Nadie te puede hacer sentir nada, si no les das permiso".*
> —Eleanor Roosevelt
>
> Primera Dama estadounidense que más años sirvió en la Casa Blanca, desde marzo de 1933 hasta abril de 1945, durante los cuatro términos en que su esposo Franklin Delano Roosevelt fue el Presidente de Estados Unidos. Fue una de las voces de más resonancia en la lucha a favor de los Derechos Humanos y tras su muerte fue considerada una de las personas más influyentes del siglo XX.

15

TU LOCA

No puedo parar (¡o no se hace nada!).

TU SABIA

No solo puedes parar, sino que ese es uno de los regalos más importantes que te puedes dar a ti misma y, de paso, a la gente que amas.

Cuando te detienes, respiras y te permites descansar, te das el espacio para recalibrarte, para reorientarte antes de dar el próximo paso. Solo parando puedes conectar contigo. Y solo conectándote contigo misma puedes estar presente para los anhelos de tu corazón; abierta a tu experiencia real y verdadera. O sea, experimentando tu vida de forma total.

Es en esos espacios de introspección –cuando te detienes y te permites estar contigo misma– que te enteras de verdad de quién eres y qué quieres.

No eres una máquina, y ni siquiera las máquinas pueden estar funcionando a máxima capacidad todo el tiempo. De ser así, eventualmente, se funden.

Además, considera lo siguiente: cuando te detienes, estás haciendo algo. Estás descansando, recargando tu batería, es decir, tu energía interna. Más allá de eso, tal vez necesitas recordar que eres valiosa no por todo lo que haces, sino simplemente por ser quien eres. Así de sencillo. Eres valiosa cuando descansas, cuando te cuidas. ¡No! Eres más valiosa. Cuando te cuidas te estás amando y una mujer que se ama tiene mucho más para darle al mundo.

PRÁCTICA

- Durante la próxima semana (una semana nada más) practica comenzar tu día regalándote diez minutos durante los que no harás absolutamente nada. Simplemente te vas a sentar en una posición cómoda para ti y no vas a hacer NADA. Eso dije. NADA. Solo respirar y estar presente para ti.

- Observa cualquier resistencia de tu mente o tu cuerpo al leer esto. Fíjate si lo primero que surge en tu mente es un pensamiento parecido a este: "Ay no, yo no puedo hacer esto". De ser así, pregúntate: "Por qué no?". Observa de nuevo tu respuesta. Recuerda que te pedí que no hicieras "nada". Pues, "Nada" significa "Nada". No es leer ni mirar tus mensajes de texto, ni tus mensajes de correo electrónico, ni contestar tu teléfono si suena. "Nada" es NADA. De hecho, durante ese tiempo te invito a colocar algún tipo de alarma para no tener que estar pendiente ni siquiera al reloj.

- Presta especial atención a lo que sucede con el resto de tu día luego de comenzar a hacer esta práctica. Anótalo.

- Si tu resistencia es demasiado fuerte, lo suficiente como para no hacerlo, existe una probabilidad bastante alta de que haya algo que estés evadiendo sentir o reconocer. En ese caso, simplemente date cuenta de qué te impide tomar diez minutos de tu tiempo para estar a solas contigo misma. Una buena estrategia para contrarrestar esa resistencia inconsciente es plantearte el siguiente hecho: todo aquello que no quieres saber o reconocer, ya lo sabes. Si no fuera así, ¿por qué querrías evadir este ejercicio?

- Recuerda también que solo porque reconoces una situación de conflicto no quiere decir que tienes que hacer algo inmediatamente para resolverla. El reconocimiento en sí es grandioso. Por el solo hecho de "ver" algo de tu vida o tu carácter que no habías reconocido, ya comienza a cambiar todo. Harás lo que tengas que hacer cuando estés lista.

AFIRMACIÓN

Cuando me detengo y descanso, me amo a mí y a todos.

> *"No confundas actividad con logro".*
> —John Wooden
> Reconocido jugador y coach de baloncesto norteamericano mejor conocido como "The Wizard of Westwood" (El mago de Westwood) por los logros de su equipo bajo su liderazgo.

16

TU LOCA

Si digo "NO" soy mala (mujer, mamá, esposa, amiga, amante, compañera, colega, etc., etc., etc.).

TU SABIA

Decir "NO" cuando la respuesta honesta es "NO", es la mejor manera de practicar amor y respeto por ti misma. También es una excelente manera de enseñarle a otros a amarte, respetarte y honrar tus necesidades (asunto que es tu total responsabilidad). Tú eres la máxima autoridad en tu propia vida. Eres la única que sabe de verdad lo que necesita, así que debes ser quien decida lo que no estás dispuesta a hacer.

Por el contrario, si en aras de evadir un posible conflicto dices "SÍ" cuando la respuesta auténtica para ti debería haber sido "NO", no solamente te desconectarás de ti misma, sino que te colocarás en la perfecta posición para terminar sintiéndote resentida y molesta, cosa que con toda probabilidad más adelante en el camino va a resultar en un conflicto aun mayor que el que quisiste evitar en un principio.

Decir "NO" cuando la respuesta que nace de ti es un "NO", se convierte en la oportunidad perfecta para establecer límites saludables en tus relaciones. Te sirve para no perderte, fundirte o confundirte acerca de lo que funciona o no para ti. Al establecer de forma clara hasta dónde estás dispuesta a llegar en tus relaciones, todo lo que das y eres viene de un espacio incondicional y auténtico. De esa manera, ni pasas factura, ni llevas la cuenta ni acumulas resentimientos contra nadie. ¿Qué podría ser mejor para todas tus relaciones? Cuando dices "NO" desde tu corazón, también honras a quienes se lo dices. Es tu manera de dejarles saber que los respetas lo suficiente como para no mentirles, que te importa tanto la relación que la quieres mantener abierta, limpia y honesta.

Por supuesto, no todo el mundo va a poder digerir ni metabolizar esto, sobre todo si por mucho tiempo has tenido la costumbre de contestar "SÍ" a todo lo que te piden. Pero si la persona en cuestión no logra aceptar tu "NO", quieres preguntarte por qué querrías seguir relacionándote con alguien que no honra quien eres de verdad.

Recuerda que nada de esto tiene que ser ni pesado ni terrible. Hay muchísimas maneras de decir "NO". Es todo cuestión de práctica. Que no tengas mucha experiencia haciendo este tipo de autoafirmación, no quiere decir que tiene que ser difícil. Puedes decir "NO" con amor, por ejemplo: "Sabes que te amo con todo mi corazón, pero la respuesta esta vez es "NO". También puedes hacerlo con estilo y gracia, "Me encantaría poder decirte que "SÍ", pero no va a poder ser". Otra posibilidad es hacerlo muy respetuosamente, "Sr. Jefe, ya a esta hora no me es posible comenzar este proyecto, pero le prometo que mañana a primera hora le daré el cien por ciento de mi atención, ¿le parece?". De igual forma, puedes practicar decir "NO" con ternura... humor... creatividad... las posibilidades ¡son ilimitadas!

Lo que te va a ayudar a incorporar esta nueva práctica es recordar lo siguiente: cada vez que le dices a otros un "SÍ" que no es auténtico para ti, te estás diciendo que "NO" a ¡ti misma! ¡UY!

PRÁCTICA

- Haz una lista de todas las veces que recuerdes haber dicho "SÍ" cuando lo real para ti era contestar "NO".
- Por cada una de esas veces, haz memoria y recuerda cómo te sentiste después de comprometerte con un "SÍ" falso. Nota y anota los sentimientos que vengan a tu memoria.
- Identifica la última vez que le saliste a alguien "de atrás pa'lante" (expresión boricua que implica responder de manera súbita y agresiva sin razón aparente). Piensa qué pudiste haber hecho antes para evitar esa reacción tan negativa. ¿Tal vez haber dicho un "NO" a tiempo?
- La próxima vez que te encuentres a punto de decir "SÍ" cuando la verdadera respuesta sea "NO", ¡Detente! Respira y comunica con honestidad lo que sientes. Una posible manera de comenzar podría ser: "Sabes qué, se me hace muy difícil decir que "NO", pero estoy decidida a trabajar esto conmigo misma, así que… (respira profundo) aquí va… "No, ¡gracias!". Si quieres, puedes hasta añadir un "Ufff! Lo hice, y estoy en una sola pieza! ¡Qué maravilla!"

(OJO: es importante que lo hagas ¡CON TODO y temor! Una de las razones por las que no hacemos las prácticas nuevas es que vivimos esperando a que se nos pase el temor.)

AFIRMACIÓN

Cuando me atrevo a decir "NO", aun en medio del temor, soy amorosa y real conmigo y con los demás.

> *"No hay nada más agotador que no ser sincera".*
> —Anne Morrow Lindbergh
> Periodista, autora de once libros, y piloto norteamericana del siglo XX.

17

TU LOCA
Las mujeres no debemos expresar nuestra ira.

TU SABIA

Ah, ¡¿de verdad?! ¡No me digas! ¿Y qué se supone que hagas con el enojo, embotellarlo, disimularlo o maquillarlo hasta que estalles como un volcán por cualquier cosa y sin aparente sentido? ¿Medicarlo, hasta que la pastilla ya ni siquiera te haga efecto y puedas confirmar que de verdad te has vuelto "loca"?

Cuando experimentas ira quiere decir que algún límite personal o algo valioso para ti ha sido violado o comprometido. ¿Qué crees que sucede con tu salud física, mental y emocional cuando ignoras esta emoción? O sea, cuando ignoras un sentimiento que es totalmente real para ti?

Los expertos en manejo de coraje se refieren a esto como el fenómeno de la olla de presión: solo podemos añadir presión por un tiempo antes de que explote. En verdad, no hay que ser experto en nada para saber esto. Es puro sentido común. Sin embargo, las mujeres sobre todo –y posiblemente como reflejo de nuestro aprendizaje de ser "niñas buenas"– acostumbramos a "tragarnos" el enojo hasta el punto de "indigestarnos". El resultado tétrico de esta práctica es que terminamos "vomitando" muchas veces en los momentos más inapropiados y con las personas a quienes menos les aplica.

Por si eso no te convence, te cuento lo que sucede a nivel físico cuando no manifiestas tu ira: se acelera tu ritmo cardíaco y suben tanto tu presión arterial como tu nivel de adrenalina; hormona que tiene una función importante en situaciones de peligro real pues nos prepara para la "huída", pero que si inunda el cuerpo de manera crónica –como cuando seguimos "tragando" ira– puede generar trastornos que van desde la ansiedad y los dolores de cabeza, hasta problemas del hígado y los riñones. Eso, a su vez, deprime tu sistema inmunológico. ¡Casi nada!

Y, como si eso fuese poco, el campo de la psicología moderna, en todo tipo de estudios, identifica esta costumbre de rumiar (masticar mentalmente un pensamiento sin expresarlo externamente) o de querer sublimar nuestro coraje, como una de las causas principales de la depresión. Según estudios hechos por la Universidad de Harvard, las mujeres estamos dos veces más deprimidas que los hombres. Yo me pregunto: ¿No será que estamos dos veces más *reprimidas*, dos veces más llenas de ira, dos veces más presas de este cuento?

# PRÁCTICA

- La próxima vez que te sientas enojada por algo y no lo expreses, ¡Detente! Observa tu respiración, tu tensión muscular, cualquier tipo de contracción que se registre en tu cuerpo. Simplemente eso, obsérvalo y toma nota de lo que estás experimentando a nivel físico, mental y emocional.

El siguiente es un modelo (derivado del famoso proceso de *"Non Violent Communication",* creado por Marshall Rosenberg) que te puede ayudar a expresar tu ira de forma saludable:

Ejemplo:

"Para mantener nuestra relación _____ (descripción positiva: honesta, al día, feliz, sana, etc.) hay algo que quiero comunicarte. Cuando hiciste/dijiste _____ (hecho concreto, tal como ocurrió). YO sentí _____ (emoción experimentada: dolor, resentimiento, frustración, etc.) y me dio coraje. Lo que necesito es _____ (necesidad específica: comprensión, empatía, amor). Lo que te pido es ____ _____ (acción concreta que quisieras que la otra persona hiciera).

El punto vital es asumir responsabilidad por tu experiencia, a la vez que expresas tu necesidad. En otras palabras, que practiques una nueva manera de comunicar tu experiencia o emoción sin atacar ni acusar a nadie, sino de una manera objetiva que te permita hacerte responsable de tus emociones. Observa lo que sucede cuando comunicas tus sentimientos de esta forma.

Si hacer esto con otra persona se siente muy lanzado todavía, comienza escribiéndole una nota o carta que no vas a enviar aún. La vas a escribir para dejar de rumiar en tu mente y vaciar todo ese contenido en el papel. Esto te servirá como una especie de catarsis para liberar esas emociones.

Cuando estés lista, darás el próximo paso.

AFIRMACIÓN

Siempre puedo encontrar maneras no violentas de expresar mi enojo.

> "La amargura es como el cáncer. Consume a quien lo alberga. El coraje es como el fuego. Quema y limpia".
> —Maya Angelou
> Poeta, escritora, *performer*, maestra y directora afroamericana, autora de varios *bestsellers* autobiográficos.

18

TU LOCA

Si brillo opaco a las demás (o, soy culpable de que se sientan mal).

TU SABIA

Si brillas, mi amor –cosa que va a ser ineludible si haces lo que viniste a hacer a este planeta– abres el camino para que otras mujeres hagan lo mismo: ¡BRILLAR!

Solo cuando te permites brillar, haciendo aquellas cosas que te traen alegría y libertad, estás siendo fiel a ti misma, a tus valores genuinos y verdaderos. Piénsalo: ¿Crees que alguna de nosotras nace con la misión de ser opaca… pequeña… invisible…? No me parece. Todas tenemos la misma oportunidad de brillar si nos permitimos ser cada vez más auténticas, es decir: ser simplemente nosotras mismas. Eso es lo natural. A eso vinimos. Tu única responsabilidad es esa: ser cada vez más tú.

Y esa no es solo tu responsabilidad contigo misma sino también tu responsabilidad con los demás. Opacarte y quedarte pequeña no le sirve a nadie, no le ayuda a ser mejor ni más grande a ninguna persona que se relacione contigo. La persona que sienta molestia o envidia cuando te ve brillar de forma genuina; la que no pueda sentirse inspirada por tu brillo, simplemente tiene trabajo que hacer consigo misma. Para eso –precisamente– sirven los celos y la envidia, para que podamos reconocer las áreas propias en las que hay algo que queremos lograr y aún no lo hemos hecho. En el momento en que nos liberamos del juicio a nosotras mismas por sentir esas emociones a las que les hemos puesto un sello de "negativas", se abre la posibilidad de lanzarnos a crear lo que aún no hemos creado.

Como puedes ver, de cualquier manera que lo mires, solo puedes servir de verdad a ti misma y a los demás cuando te permites brillar.

PRÁCTICA

- Observa la próxima vez que escojas achicarte, esconder tu luz, limitar tu posible contribución al mundo.
- ¿Con quién estabas en ese momento? ¿Cómo te sentiste al hacer eso?
- Evalúa el impacto que tiene en tu entorno el que te encojas. ¿Ayudas a alguien a crecer… le inspiras a ser más grande?
- Toma nota de la próxima vez que te permitas brillar. ¿Quién está contigo?
- Analiza el impacto que tu brillo tiene en otros. ¿Quién celebra tus éxitos?

AFIRMACIÓN

Mientras más brillo, más inspiro a otras mujeres a hacer lo mismo.

> *"[…] no hay iluminación en encogerte para que otros no se sientan inseguros alrededor tuyo […] vinimos a brillar […] a manifestar la gloria de Dios […] al liberarnos de nuestro propio miedo, nuestra presencia automáticamente libera a otros".*
>
> —Marianne Williamson
> Maestra Espiritual y autora de varios libros
> entre los que se encuentra el *bestseller "Volver al amor"*.

19

TU LOCA

Yo puedo sola.

TU SABIA

Suena bien, si lo que quieres es hacer de la ansiedad tu estilo de vida. Por supuesto, este cuento también te califica para presidir el club de la Mujer Maravilla, y te da la autoridad absoluta para que te pases los días intentando probarle a todos que no necesitas de nadie. Ya sabemos lo que provoca este loco hábito: estrés, la muy consabida ansiedad, cansancio sin límite –físico, mental, emocional y espiritual–, desconexión y resentimiento, entre otros desastres existenciales.

Creerte el cuento de que tú puedes sola, no solo genera esta cadena de complicaciones en tu propia vida, sino que –de paso– le robas a aquellos que te quieren la oportunidad de estar ahí para ti, de sentirse útiles y hacer la diferencia en sus propias vidas al hacer la diferencia en la tuya, experiencia que también sabemos es parte esencial de lo que nos hace felices a los seres humanos.

A eso añádele los datos que nos llegan a través de los expertos de los campos de la sociología y la psicología. Según cualquier cantidad de estudios, la unidad mínima para la supervivencia humana es de dos. Es por eso que el peor castigo –el más temido en todas las instituciones penales del mundo– es el aislamiento o el famoso "hueco". Es así como "doman" a aquellos que han tenido la osadía de violar las reglas del juego en ese entorno.

Aparte de que sabes muy bien que acompañada lo sabroso sabe aun mejor, y lo escabroso se siente menos horroroso. También, por el fenómeno de la sinergia –cuando lo hacemos en equipo– logramos más y mejores resultados con menor esfuerzo.

¿Por qué querrías sacrificarte a ti y a otros de nutrir una de las necesidades más importantes del ser humano? ¿Por qué esperar a la crisis para pedir ayuda? ¿Por qué disfrutar menos cuando puedes disfrutar más?

PRÁCTICA

- Identifica un área de tu vida que te podrías facilitar si pidieras ayuda.
- Identifica también quiénes podrían brindarte algún nivel de apoyo y de qué manera.
- Escoge a una de esas personas y déjale saber el apoyo que te gustaría que te brindara. Comunícale también que la relación que existe entre ustedes dos no se va a afectar si te dice que no puede hacer aquello que le pediste que hiciera.
- Observa y anota lo que sucede.
- Repite el ejercicio de pedir ayuda hasta que logres formar un equipo de por lo menos dos personas. Tú y alguien más. Recuerda, esa es la unidad mínima para nuestra sobrevivencia ¡sana y feliz!

AFIRMACIÓN

Al pedir apoyo, practico la imprescindible costumbre de amarme a mí misma y le doy a otros la oportunidad de sentirse útiles. Pedir apoyo es bueno para todos.

"Si quieres tener éxito en la vida, conviértete en un jugador de equipo".

—Anthony Robbins
Orador norteamericano, entrenador y autor de los *bestsellers Unlimited Power* y *Awaken the Giant Within*. Por los últimos treinta años ha sido reconocido a nivel mundial como uno de los "gurús" del campo de la transformación y el poder personal.

20

ᵀᵁLOCA

Soy inadecuada (o, no doy el grado… o, todo el mundo es mejor que yo).

ᵀᵁSABIA

¡Ah! ¡¿De veras?! Y, ¿con quién exactamente te estás comparando ahora, querida mía? Déjame decirte algo, cuando juegas el juego de la comparación, pierdes. Siempre. Punto.

Si te encuentras "mejor que" y sintiéndote muy especial terminas presa de tu arrogancia, actitud que siempre te lleva a la desconexión y a la separación. Este es el ciclo: tú misma te elevas al cielo en tu creencia de que eres excepcional (una mujer fuera de este mundo). A su vez, elevarte en un pedestal te lleva hasta un espacio en el que no consigues un verdadero punto de encuentro con los demás (lo especial te hace diferente) y te empuja –sin que te des cuenta– a sumirte en la soledad y el aislamiento. O sea, a sentirte fatal. Por otro lado, si te sientes "peor que" las demás mujeres, entonces te vas a sentir ¡peor que fatal! ¡Inmediatamente!

¿De qué te sirve compararte? ¿Sabes lo que veo? Que esa es una de las estrategias favoritas de Tu LOCA para evadir todo aquello que le provoca miedo. Tal vez te estás diciendo: "Si nunca voy a ser lo suficientemente buena –capaz, talentosa, exitosa o cualquier otro invento de Tu LOCA– mejor entonces ni tratar". ¿De eso se trata?

No estás aquí para compararte ni competir con nadie, por más hondo que este disparate cultural haya calado en ti. Estás aquí para ser y ofrecer tu regalo único. Nadie puede dar lo que viniste a dar tú. Además, a la hora de la verdad, solo vemos de los demás lo que podemos ver desde afuera, lo que ellos (o ellas) nos permiten ver. No tenemos la menor idea de lo que está pasando en su interior. Cuando miramos desde afuera, no tenemos manera de saber cuánta incertidumbre, vergüenza o inseguridad guarda alguien detrás de ese "Todo bien, gracias". Date cuenta de que estás comparando tu interior con su mejor representación exterior.

Así que, olvídate de jugar el juego de la comparación. Imposible de ganar. Tema que, francamente, es irrelevante.

Lo importante aquí es plantearte: ¿Qué estarías logrando si toda esa energía que inviertes en compararte y paralizarte la usaras para ofrecer la mejor TÚ que eres capaz de ser? Original, única y no duplicable. En todo el planeta.

PRÁCTICA

- Declara este cuento de Tu LOCA totalmente inaceptable. Juega con las palabras hasta que logres encontrar la declaración que se sienta expansiva y cómoda para ti. Lo ideal es que la escribas y la coloques en lugares donde la veas con frecuencia. Algunas posibilidades podrían ser: "Pensar que soy inadecuada no cuadra con mi verdadera identidad. Soy más que capaz y suficiente, siempre". "Tengo todos los recursos que necesito para enfrentar cualquier reto que se me presente en la vida". "Soy más que capaz y suficiente para lograr mis metas".

- Comprométete con esa declaración como si fuese un tema de vida o muerte. ¡¡¡Lo es!!!
- En los momentos en que adviertas que el pensamiento regresa, detente y practica decirlo en voz alta usando voces que te resulten ridículas y graciosas. Repite la misma idea con voz infantil, de bruja malvada, o de vieja altanera hasta que te estés riendo a carcajadas. Esto te ayudará a crear una conexión nueva a nivel neurológico con ese insólito cuento. Notarás cómo esa noción falsa de ti misma va perdiendo su fuerza.
- Detente y toma un momento para reconocer todos tus dones y talentos. Haz una lista detallada de ellos. Si te cuesta reconocer dones o talentos en ti, puedes pedir ayuda de alguna persona cercana. Pregúntale qué características positivas ve esa persona en ti y anótalas. Otra posibilidad es hacer una lista de toda la retroalimentación positiva que hayas recibido en cualquier momento de tu vida. Para ello, reserva un tiempo para evocar momentos en los que te sentiste validada por otras personas. Trata de recordar quién te ha dado "gracias" efusivas y por qué. También puedes identificar quién ha aprendido o reconocido algo importante para su vida, gracias a ti.
- Haz una lista de tres actividades que estarías haciendo con tu tiempo y energía si no estuvieses comparándote.
- Toma una acción concreta hacia una de ellas.

AFIRMACIÓN

Me elevo por encima de mis temores y reconozco todo lo que tengo para dar. ¡Soy un modelo original!

> "Desear ser otra persona es desperdiciar la persona que eres."
>
> —Anónimo

ᵀᵁLOCA

Estoy completamente sola.

ᵀᵁSABIA

Mira a tu alrededor… no solo te rodean decenas, sino cientos y hasta miles y millones de seres humanos que habitan en nuestro planeta. Te aseguro que muchos de ellos se sienten igual de solos que tú.

Paremos a mirar: ¿Te sientes sola porque físicamente estás lejos de tus seres más queridos? Si ese es el caso, hay acciones concretas que puedes adoptar para experimentar tu conexión con ellos, aun en la distancia. Ahora bien, es más probable –según las conclusiones de muchos estudiosos del comportamiento humano (entre ellos la reconocida socióloga, autora y *coach,* Martha Beck)– que tu sentido o experiencia de soledad sea solo un reflejo de tu propia desconexión. En otras palabras, vale la pena que explores si sería posible que tu sentido de soledad guardara proporción directa a cuán abierto o cerrado llevas el corazón, a cuán ausente o presente estás en tu participación en tu propia vida.

Cuando estás verdaderamente presente –participando auténtica y totalmente en cada interacción o intercambio humano que experimentas a diario– esa sensación de soledad desaparece. Por supuesto, el reto con esto es que conlleva que te permitas ser vulnerable, que te permitas exponerte. Esto va a requerir que dejes que los otros te conozcan verdaderamente, a la misma vez que te des permiso para sentir tus emociones. Por pura definición, esto implica la posibilidad de que si los eventos no resultan como quieres, entonces puedas sentir dolor en cualquiera de sus muchísimas formas.

Pregúntate hoy: "¿Qué es lo que de verdad está detrás de que me sienta sola? ¿Será posible que tenga algo que ver con mi temor a ser real y vulnerable; con mi temor a dejarme ver, a dejarme conocer? ¿Será posible que mi mismo deseo de protegerme para no sentir emociones negativas me esté causando el dolor de la soledad?".

PRÁCTICA

- Si estás físicamente lejos de personas a quienes amas, toma alguna acción para comunicarles tu sentir. Puedes hacerles una llamada, escribirles un correo electrónico o un texto, hasta enviarles una postal por el correo regular (cosa que resultará novedosa ante la avalancha de medios electrónicos inmediatos). Hoy día tenemos muchas nuevas opciones para establecer comunicación con los demás. Observa cómo te sientes al hacerlo.

- Escoge conscientemente conectar con cada persona con quien te cruces hoy. (¡Ojo! Te resultará imposible conectar con alguien si no te detienes a mirarle a los ojos)

- Escoge por lo menos a una persona y practica escucharle de la siguiente manera: con tus ojos, oídos, tu atención incondicional y con todo tu corazón. ¡Te reto a hacer esto y seguir sintiéndote igual de sola!

Ivette Rodríguez

AFIRMACIÓN

Es seguro para mí permitirme ser real y conectar con otros.

> "Mantenernos vulnerables es un riesgo que debemos de tomar si queremos experimentar conexión."
>
> —Brenée Brown, Ph. D.
>
> Autora del libro *Daring Greatly*, entre otros *bestsellers* en los que explora el tema de la vulnerabilidad. El vídeo de su charla "The Power of Vulnerability", que ofreció para TEDxHouston en junio de 2010, se volvió viral en cuestión de días.

22

ᵀᵁLOCA

Soy demasiado… (gorda, flaca, fea, vieja, joven… etc., etc., etc.).

ᵀᵁSABIA

¡Digitalizadas, (entiéndase con arreglitos de PhotoShop o de otros programas de computadora) TODAS somos Diosas! No, en serio. Tu Sabia reconoce el impacto de una industria de publicidad billonaria y una cultura que te envía el mensaje diario de que nunca serás suficientemente bella! Peor aun, bajo esa lupa ¡nunca serás suficientemente nada!

Es impresionante ver y escuchar cuántas mujeres perfectamente atractivas hablan de rollos, barrigas, arrugas, líneas, cicatrices y demás defectos… que a quienes las oyen quejándose, les resultan imposibles de ver.

Si hay algo de tu físico que quieres mejorar, hazlo. Pero ten presente que lo disfrutarás más si lo haces desde un espacio de amor y aceptación, en lugar de hacerlo desde el autodesprecio. No necesitas que yo te lo diga. Tú lo estás viviendo. ¿Cuánto tiempo llevas juzgándote y despreciándote? ¿Cómo te va? ¿Te empodera tratarte de esa manera o mas bien te baja tu autoestima?

Más importante aun es que reconozcas que lo que sea que no te gusta de ti no es lo que te está limitando. Para nada. Ese "defecto" que tanto te molesta, es simple y llanamente una circunstancia más que refleja tu falta de amor propio o autoestima. A la hora de la verdad, lo que te detiene siempre es tu propio pensamiento.

Como con cualquier otro cuento de Tu LOCA, procede que identifiques lo que estás creyendo: "Soy demasiado _____ (gorda, flaca, vieja… etc.)". ¡¿Para qué?! Si usamos el ejemplo concreto de "Soy demasiado gorda para ser bailarina", hay varias posibilidades. La primera es tan sencilla como retarte y cuestionar cuán comprometida has estado con ese sueño. Si es tan importante ser bailarina, entonces perder peso tendría que ser una prioridad en tu vida. Si hay razones de profundidad por las que eso no ha sido posible, entonces ahí estaría la oportunidad, trabajar para descubrir y transformar las creencias o pensamientos que han hecho que te parezca imposible cultivar las condiciones que te facilitarían ese anhelo. Como ves, no sería la gordura el verdadero tema, sino razones de mayor peso, contenidas en un pensamiento o creencia limitante.

Por otro lado, existe también la posibilidad de que te estés escondiendo detrás de esos juicios para evadir lanzarte tras tus anhelos ante el miedo que te provoca la posibilidad de fracasar o no lograrlos. Muchas veces se siente más seguro culpar alguna situación externa que enfrentar el propio miedo de fracasar.

Mi apuesta es que si indagas con sinceridad, en tu respuesta a ti misma se va a revelar algo de eso.

PRÁCTICA

- Identifica un mínimo de cinco mujeres (puede ser a través de la lectura de algún libro o revista, artículo de Internet o referencias de otros medios) con tu misma "condición" (gordura, flaquencia, edad... o lo que sea que culpas por no haber conseguido lo que anhelas), que tienen o están logrando lo que sea que quieres tener tú (el dinero... la pareja... el éxito... el negocio... lo que sea).

- Infórmate a través de las fuentes disponibles (recuerda que para conocer historias de personas famosas siempre está la Internet) acerca de cómo piensan, de qué forma han manejado sus retos, etc. Observa lo que descubres. ¿Se sintieron alguna vez como tú? ¿Qué las motivó o las apoyó a tomar acción a favor de sus metas y sueños? ¿Hay alguna filosofía específica que les ayudó a romper la barrera que les impedía alcanzar sus anhelos? Anota todo lo que descubras.

- Completa la siguiente oración: Soy demasiado _____ (gorda... flaca... vieja... joven... ¡Ya tú sabes!) y TAMBIÉN soy... _____ (amorosa... graciosa... poderosa... tierna... tremenda amiga... entre otra larga lista de atributos que no había valorado en mí). ¡Fíjate cómo se siente ahora!

AFIRMACIÓN

Soy imperfectamente perfecta y divina tal como soy.

> "¡Ni siquiera YO me parezco a Cindy Crawford!".
> —Cindy Crawford
> Comentario de la super modelo al mirar una serie de fotos suyas después de que las arreglaran con el famoso "Photoshop".

23

ᵀᵁLOCA
Yo debería estar más adelante en mi camino.

ᵀᵁSABIA

Este es el cuento que te enloquece repitiéndote a diario que deberías tener más logros, mejores o más relaciones significativas, un millón de amigos (aunque sea en Facebook, Twitter, Instagram, etc., etc., etc.) y, definitivamente, mucha más estabilidad económica.

También te machaca la letanía de que a estas alturas ya los eventos de tu vida no deberían afectarte tanto. Según este cuento de Tu LOCA, emociones como la ansiedad, el miedo o la decepción ni siquiera deberían existir en ti. En otras palabras no deberías darte permiso ni de vivir ni de sentir lo que vives y sientes. ¡Imagínate esa!

Bueno, vamos por partes. Miremos lo único que es real. Siempre estás exactamente donde único puedes y tienes que estar. Este es el lugar y el momento perfecto. Este es tu camino. No hay otra tú viviendo la versión perfecta de tu vida. ¿Con quién te comparas ahora? ¿Con un "figmento" de tu imaginación?

No solamente ésta es tu vida sino que, momento a momento, eres tú quién le asigna el significado a cada evento o situación que se te presenta en tu vida.

Pregúntate: ¿cuál sería el propósito de invalidar y hasta rechazar tu propia vida, si tienes la posibilidad de abrazarla, aceptarla y celebrarla? ¿Cuál de estas dos opciones te suena más sabrosa? ¿Cuál de las dos crees que te va a facilitar moverte a un futuro de logros, alegrías y satisfacción?

PRÁCTICA

- Verifica el camino que has recorrido y el que quieres recorrer.
- Recuerda cómo era tu vida hace diez años. Enumera todos tus logros de allá para acá, tanto personal como profesionalmente. Lograste un trabajo que querías? ¿Has criado a tus hijos? ¿Superaste una pérdida importante?
- Proyéctate diez años al futuro. ¿Qué te pediría tu ser futuro que apreciaras de ti y de tu vida en este momento?
- Imagina que tu mente ni siquiera puede producir ese cuento ("Yo debería estar más adelante en mi camino"). Detente y respira profundo todas las veces que lo necesites para poder llegar a ese espacio de paz... tómate tu tiempo... SIN ese cuento... ¿Por qué darías gracias hoy? Más importante aun, si no le entregaras tu poder a ese pensamiento... ¿Qué estarías libre para hacer hoy?

AFIRMACIÓN

Siempre estoy en el lugar y en el momento perfecto. Esta es mi vida.

"Escríbelo en tu corazón, que cada día es el mejor día"
—Ralph Waldo Emerson
Escritor, poeta y prominente filósofo norteamericano del siglo XIX. Su obra *Self Reliance* es un clásico de la literatura a nivel mundial.

24

ᵀᵁLOCA

Cuando tenga X, Y o Z _____ (la pareja perfecta… el bebé… la cuenta de banco… el trabajo… el reconocimiento… etc., etc., etc.) voy a ser feliz.

ᵀᵁSABIA

He aquí la receta perfecta para prácticamente garantizar que no serás feliz ¡Nunca! O sea, todo lo contrario a tu intención.

Piensa en las últimas tres metas que lograste. ¿Cuánta felicidad real te trajeron? ¿Cuánto tiempo te duró esa emoción? Y, cuando volvió el bajón, ¿qué hiciste? ¿Desear algo más, tal vez nuevo y diferente?

Mientras te mantengas en ese ciclo, la felicidad siempre habitará en el futuro y ahí –como bien dice el maestro Eckhart Tolle en su libro *El Poder del Ahora*– no tienes ningún poder. Tu poder para impactar tu vida se encuentra en un solo momento: el presente.

Por otro lado, hay estudios que muestran que no somos tan efectivos como creemos a la hora de predecir lo que nos va a hacer felices. Según los resultados de las investigaciones de Richard Gilbert, respetado psicólogo de la Universidad de Harvard, la mayor parte de las veces, el gozo o la alegría que sentimos al lograr una meta no es tan espectacular ni duradera como habíamos imaginado.

Y, finalmente, mi amor, si la meta de todas las metas es sentir felicidad, ¿por qué no practicas ser feliz aquí y ahora? Eso no quiere decir que tienes que renunciar a ir tras los anhelos de tu corazón, sino que puedes ser feliz mientras estás en el camino a cumplirlos. Te digo más, tal vez descubras que tu felicidad no depende de que se logren o no esos deseos.

De hecho –y he aquí la gran ironía– mientras más felices seamos en el presente, más efectivos seremos a la hora de tomar las decisiones que nos van a llevar a manifestar aquello que más anhelamos en el futuro. Sin duda alguna, la energía de la felicidad es mucho más atractiva y magnética que la de la angustia y el desconsuelo. Has escuchado a alguien decir: "¡Ay, me encanta fulanita, está siempre tan desesperada y angustiada!". ¡¡¡No creo!!!

PRÁCTICA

- Anota las últimas metas que hayas alcanzado. ¿Cómo te sentiste al lograrlas? ¿Llenaron tus expectativas de felicidad? ¿Cuánto tiempo te duró la sensación de euforia que viene con el logro de una meta? ¿Cuánto tiempo tardaste en volver a sentirte "como antes"?
- Medita en tus logros y enumera cinco situaciones, eventos o circunstancias que puedes apreciar, celebrar o agradecer ahora mismo.
- Por la próxima semana toma un momento antes de acostarte y escribe cinco razones por las que das gracias. ¡OJO! NO se permiten repeticiones.

Son cinco razones diferentes por día. Al terminar la semana, comienza de nuevo.

- Observa lo que sucede el primer mes.

AFIRMACIÓN

Al prestar atención veo que tengo todo lo que necesito para ser feliz aquí y ahora.

> "¡Qué vida maravillosa he vivido! Solo hubiese querido haberme dado cuenta antes".
>
> —Collette
> Reconocida escritora francesa del siglo XX. Tanto su vida como su obra generaron controversia durante su tiempo.

25

TU LOCA

No tengo tiempo (para hacer lo que quiero).

TU SABIA

El reto con este cuento es que es casi casi creíble. Es cierto que no tienes tiempo para ser la madre, esposa, amante, hija, compañera, cocinera ni organizadora de eventos perfecta. No tienes tiempo para ir al trabajo, cumplir con las citas médicas, asistir a las reuniones de padres en la escuela, llevar a tus hijos a las tutorías o a las clases de arte, hacer el mejor asopao, hornear el bizcocho más sabroso y tener orgasmos múltiples todas las noches hasta que salga el sol. No, querida mía, para ser la Mujer Maravilla no tienes ni vas a tener tiempo suficiente en esta vida.

Y, sin embargo, también es cierto que tienes las mismas veinticuatro horas que el resto de los seres humanos en el planeta. De repente, el tema no es el tiempo sino decidir y escoger qué eventos, actividades o responsabilidades son verdaderamente importantes para ti, qué tareas merecen tu enfoque y energía.

El mundo externo no va a dejar de imponer demandas sobre tu tiempo y atención. A ti te toca trazar la raya. ¿Hasta dónde estás dispuesta a llegar momento a momento?

Tambien sería conveniente que te preguntaras, hasta dónde es real la presión que sientes por las demandas externas y ¿hasta donde eres tú misma quien se está imponiendo hacer todo a la perfección y a la misma vez?

PRÁCTICA

- Haz una lista de todo lo que tienes pendiente para la semana próxima... ¿Cuáles de estos compromisos son verdaderamente importantes o relevantes?
- Aplica ahora la fórmula M – N – O

    M= Mejóralo

    N= Negócialo

    O= ¡Olvídate de eso!
- Si te permites ser suficientemente honesta contigo misma, notarás que en esa lista hay cuestiones que no constituyen una contribución real ni a tu vida ni a la de los tuyos... De esas te puedes ¡OLVIDAR! Otras, –como irás aprendiendo– no necesariamente las tienes que hacer tú misma. Esas te presentan una buena oportunidad para practicar el concepto de NEGOCIAR o soltar el control y delegarlas en otra persona. Finalmente, con aquello que decidas que no es negociable, tendrás la posibilidad de MEJORAR la experiencia. Por ejemplo: añadir una compañía agradable... modificar el ambiente al incluir alguna música de tu preferencia... incorporar la lectura a tu rutina... darte alguna recompensa inmediatamente luego de completar tu gestión... etc.,etc.
- Analiza y escribe sobre tu experiencia.

AFIRMACIÓN

El tiempo está de mí lado… siempre tengo tiempo para lo verdaderamente importante para mí.

> "Como vives tus días es como vives tu vida".
> —Anónimo

26

TU LOCA
Con mi amor puedo cambiarlo(a).

TU SABIA
¡¡¡Ja, Ja, Ja!!! ¡Buena suerte con eso!

En algunos círculos a ese cuento se le conoce como complejo mesiánico o ínfulas de redentora. El Buda le dio un mejor nombre: compasión de idiotas.

Amar y rescatar son dos cosas diferentes. Lo cierto es que el gran amor que habita en tu interior solo te puede salvar a ti misma. Esto, partiendo de la premisa de que enfoques tus energías en tu propio crecimiento y no en la fantasiosa idea de cambiar a los demás. Lamentablemente, tu amor no puede hacer por nadie lo que ellos no están dispuestos a hacer por sí mismos.

Tu amor puede traer compasión, empatía y conexión a tus relaciones personales. También puede aportar paz a tu pareja y crear el espacio para que surjan nuevas posibilidades en su vida. Puede incluso, servir de inspiración y razón para cambiar. Pero sin amor, reconocimiento y compromiso PROPIO no hay cambio ni transformación posible. Cualquier proceso de cambio va a implicar retos y ante la presión de esos retos, lo único que va a hacer posible que la persona persevere es su propio compromiso de lograr ese cambio que requiere para mejorar la calidad de su vida.

No es accidental que en los programas de rehabilitación de "Doce Pasos" o en los centros de manejo de adicciones un requisito importante es que sea la misma persona quien reconozca que necesita ayuda o que debe hacer algo diferente por sí mismo. El principio está bien claro: "nadie cambia a nadie." De hecho, existen programas dedicados a apoyar a quienes enfrentan el reto de tener un ser amado que quisieran se rehabilitara, a lidiar con la realidad de que no está en sus manos hacer el cambio por ellos.

Lo mejor que puedes hacer con tu amor es usarlo para amarte y cuidarte a ti misma, de modo que puedas estar genuinamente bien y en paz. Ese es el regalo más grande que le puedes dar a los tuyos. ¿Quién sabe… a lo mejor… tal vez… desde ahí sirvas de inspiración? Si eso no pasa, ten por seguro que no iba a pasar por el hecho de que tú decidieras abandonarte a ti misma en pos de rescatar al otro.

PRÁCTICA

- Identifica a quién (es) estás queriendo salvar o rescatar en tu vida.
- Observa cómo te sientes cuando estás en torno a esa(s) persona(s). ¿Te sientes libre, abierta, liviana y expansiva o más bien, atrapada y contraída? ¿Qué pasa con tu nivel de energía, sube o baja? ¿Qué pasa con tu respiración, se expande o se acorta? Solo observa… ¿Cuán poderosa puede ser tu contribución desde ahí?

- Pregúntate: ¿Quién serías si te permitieras utilizar esa energía de rescate al otro en amarte a ti misma?
- Haz una lista de las maneras de ser que podrías acceder… experimentar… si redirigieras hacia ti la pasión que inviertes en los demás. ¡Hazla! Léela… date cuenta…
- ¿Qué acciones te permitirías tomar? Haz una lista. Escoge una de esas acciones… Tómala…. ¡YA!

AFIRMACIÓN

Amo y confío en que todos estamos donde único podemos estar momento a momento.

> "Puedo sentir amor y compasión por otros sin inmiscuirme en los problemas que les están enseñando las lecciones que necesitan para crecer".
>
> —Ken Keyes
> Autor y orador americano.

27

TU LOCA
Debí haberlo hecho mejor.

TU SABIA

¡Escúchame! Y, por favor, métete esto entre ceja y ceja: "Siempre, siempre… SIEMPRE, estás siendo y haciendo lo mejor que sabes y puedes". Aun en aquellos momentos en los que al mirar hacia atrás puedes reconocer que sabías o viste algo que ignoraste. No importa qué, lo que te dije antes aplica. Todos tenemos visión 20/20 cuando miramos en retrospectiva. Pero ten presente que esa retrospectiva no es lo que era real para ti en aquel momento en que tomaste la acción o acciones que ahora te llevan a desaprobarte a ti misma.

Lo que hagas o dejes de hacer es, y será siempre, lo perfecto en ese momento si consideras los recursos y la información a tu alcance en ese entonces. Aun cuando el resultado de las decisiones que tomaste no sea algo que te complazca, siempre será el único resultado que podías generar en ese tiempo y con los recursos que contabas.

El juicio y la comparación solo pueden llevarte a la parálisis y al desasosiego. Desde ahí pones en juego tus futuras decisiones y acciones. Un principio básico de nuestro comportamiento es que la calidad de nuestras decisiones tiene directa relación con el estado emocional en que estamos al momento de tomarlas. ¿Eso es lo que quieres… seguir tomando decisiones desde un estado mucho menos que idóneo? ¿No crees que tomarías mejores decisiones para tu futuro desde un espacio de autoaceptación y libertad?

PRÁCTICA

- Escribe tres oraciones con el verbo "deber". Por ejemplo: "Debo etc., etc., etc.". Fíjate cómo te roba tu libertad.
- Reta cada una de esa oraciones: ¿Por qué? Observa lo que empiezas a descubrir acerca de tus creencias. Reta cada una de esas creencias: ¿Quién dijo que debías hacer eso?
- Sustituye cada "debería" con la palabra "podría". ¿Cómo se siente ahora?

AFIRMACIÓN

Siempre estoy siendo y haciendo lo mejor que sé y puedo. Y eso, es perfecto.

> "El autojuicio rara vez lleva a la acción. Es más bien miedo sin sentido… más que traerte felicidad te la roba".
> —Martha Beck
> Autora de varios bestsellers y *Life Coach* del equipo de la reconocida presentadora televisiva Oprah Winfrey.

28

ᵀᵁLOCA
Cuidarme es ser egoísta.

ᵀᵁSABIA

¡Pues fíjate que no! Cuidarte es pensar en ti primero. Eso no quiere decir que no te importe nadie más. Solo quiere decir que tienes claro que no puedes dar de lo que no tienes.

¿Alguna vez has viajado en avión? Imagino que sí. Por si no lo has hecho, te cuento cómo es la cosa: en el momento de dar las indicaciones sobre qué hacer si hubiese una emergencia, a los adultos se les indica que deben de colocarse su máscara de oxígeno primero y DESPUÉS ayudar a los niños. ¿Por qué? Porque si se están asfixiando serán de muy poca utilidad para los demás. ¡Por más que quieran!

Cuando te amas y te cuidas a ti primero, todo lo demás cae en su sitio. Es imposible dar lo mejor de ti si estás constantemente exhausta y resentida. Es matemático. No puedes dar de tu riqueza si estás en la más absoluta escasez. ¡¿Cómo regalar un millón de dólares desde una cuenta bancaria que está en bancarrota?!

Volvemos a lo mismo, querida, lo más grande que le puedes ofrecer a tus seres queridos son tu presencia y tu paz y ambas quedan imposibilitadas cuando te invalidas o ignoras tus necesidades.

Eres un ser inteligente. Piénsalo. ¿Desde el estrés, la angustia, el resentimiento o, peor aún, el arrepentimiento, qué puedes dar?

PRÁCTICA

- Haz una lista de diez actividades que de verdad te encanta hacer. Experiencias que te dan alegría, que te hacen sentir que el tiempo vuela. Por ejemplo: sentarte frente al mar; hacer ejercicios en un lugar bello mientras escuchas tu música favorita; tomarte un cafecito en un lugar especial; ir a ver arte en un museo; aprender algo que te encante, etc., etc.
- Comprométete a hacer una de estas actividades por lo menos una vez por semana.
- Haz de esto una cita NO NEGOCIABLE.
- Según vayas adquiriendo práctica, comprométe por lo menos una hora DIARIA en la que solo estarás disponible para ti. Para lo que sea que se te antoje. NO NEGOCIABLE.
- Observa lo que sucede cuando empiezas a dedicarte tiempo a ti misma para explorar aquello que te produce placer.

AFIRMACIÓN

Me doy permiso para amarme, amarme y AMARME. Desde este espacio de amor propio puedo regalar lo mejor de mí.

> *"Ámate a ti misma primero y todo lo demás caerá en su sitio."*
>
> —Lucille Ball
> *Comediante y estrella de la televisión estadounidense de la década de los sesenta. Considerada por muchos como "la reina de la comedia".*

29

ᵀᵁLOCA

Mi pasado no me permite ser feliz.

ᵀᵁSABIA

¿En serio? O sea, que según Tu LOCA, el pasado es más poderoso que el presente. Si así fuese, entonces solo aquellas personas que tuvieron un pasado, o sea, una niñez feliz o soñada podrían aspirar a la felicidad. Eso quiere decir que prácticamente nadie en el planeta calificaría, según ese criterio de Tu LOCA.

Sin embargo, lo que tanto la experiencia como los estudios muestran es que no son los eventos que ocurren en la vida de una persona lo que hace la diferencia en su presente, sino el significado que cada cual le da a los mismos.

Tú eres quien único puede decidir si algo que pasó fue la oportunidad perfecta para convertirte en un ser más amoroso, grande y compasivo o si es la justificación perfecta para paralizarte y esconderte. Eso, querida mía, es una decisión. Tuya.

Para bien o para mal, quién sabe, lo más abundante en el planeta son personas, hombres y mujeres, que han experimentado eventos sumamente dolorosos y que les pudieron haber parecido hasta inaceptables durante el tiempo en que impactaron sus vidas. Lo que marca la diferencia entre aquellos que logran experimentar vidas plenas y fructíferas y quienes no viven esa oportunidad es una sola cosa: su decisión.

Momento a momento, eres quien decide si todo lo sucedido en tu vida ha sido la antesala necesaria para tu gran despegue o la razón por la que nunca vas a despegar. ¿Qué decides tú?

PRÁCTICA

- Trae a tu mente y escribe de tres a cinco logros o actividades positivas que disfrutas hoy día.
- Por cada uno de estos eventos recuerda y escribe un evento negativo o hasta doloroso que lo antecedió y que, al mirar hacia atrás –con la claridad que nos da la perspectiva del tiempo– puedes ver que fue perfecto y necesario para que esa otra oportunidad se diera… ¿Puedes verlo?

AFIRMACIÓN

Todo en mi vida está en perfecto orden. Siempre.

> "[…]el único poder está en el presente… tú eres la única persona responsable por tu felicidad ahora. El pasado no puede prevalecer sobre el poder del ahora."
>
> —Eckhart Tolle
> Maestro espiritual y Autor del *bestseller El Poder del Ahora.*

30

ᵀᵁLOCA
Si enfrento mi realidad voy a sufrir.

ᵀᵁSABIA

He aquí el disparate que mantiene a tantas mujeres fabulosas pretendiendo que no saben lo que ya saben hace rato (*no soy feliz… estoy en un trabajo que me chupa el alma… mi relación de pareja es desastrosa… tengo todo y me siento vacía…* etc., etc., etc.). De hecho, la razón por la que pretenden no saberlo es precisamente porque ya se enteraron. Si no fuese así, ¿por qué pretender no saberlo?

Quedemos claras, el dolor es simple y sencillamente parte de la experiencia humana, enfrentemos nuestra realidad o no. Nos va a tocar a todas alguna vez, en el mejor de los casos. En casos no tan fantásticos el dolor nos va a golpear muchas veces. Es lo que es. Solo un componente más de la vida en el planeta Tierra. Tarde o temprano, todos experimentaremos el dolor de la pérdida y la separación. Como mínimo, aun si tuviéramos vidas perfectas, en algún momento alguien que amamos se nos va a morir o se va a ir de nuestra vida.

Sin embargo, eso no significa que necesitamos sabotearnos y crear experiencias dolorosas gratuitamente para poder crecer. Podemos enfrentar la realidad, crecer y experimentar muchísima alegría por el proceso en sí mismo. En la medida en que enfrento lo que no me ha funcionado en el pasado se abren nuevas posibilidades para mi futuro.

Por otro lado, negar las áreas en las que sabes que necesitas crecer por evadir el dolor jamás va a funcionar.

Cuando niegas lo que ya has reconocido que necesitas cambiar en tu vida para ser feliz, generas otro tipo de dolor. La razón por la que eso sucede es que puedes, tal vez, engañar al mundo que te rodea, pero no te podrás mentir a ti misma. No es posible que te engañes de verdad. Al menos, no indefinidamente. Ese conocimiento interno, a su vez, produce el dolor de vivir evadiendo, de saber que no te estás permitiendo ser todo lo que serías capaz de ser por miedo a sufrir.

En vista de que según un gran número de investigaciones acerca del tema de la felicidad, el hecho de retarnos y vivir experiencias nuevas es fundamental para poder vivir en alegría, he aquí la gran ironía: negarte a crecer para evadir el dolor te va a llevar a sentir precisamente aquello que quieres evitar: ¡Dolor!

PRÁCTICA

- Saca un tiempo aparte, tal vez en un lugar favorito… en privado…
- Explora las siguientes preguntas:
- ¿Qué significado le he dado al dolor en mi vida?
- ¿Qué virtudes o lecciones le he asignado?
- ¿Qué pienso acerca del gozo y la alegría y el espacio que ocupan en mi vida?

Completa las siguientes frases con lo primero que te llegue a la mente, espontáneamente, sin darle mucha "cabeza":

- Si me permito sentir dolor _____
_____

- Si no fuera por mi miedo a sentir dolor _____
_____

- Aunque suene ridículo, lo que más temo acerca de sentir dolor es _____
_____

AFIRMACIÓN

Puedo enfrentar mi verdad y crecer en un ambiente de gozo y celebración en torno a mi proceso de vida.

> "Por el miedo a lo desconocido, muchas personas prefieren mantenerse en el sufrimiento que les es familiar".
> —Thich Nhat Hanh
> Reconocido monje y autor budista.

31

ᵀᵁLOCA

Si no sé cómo hacerlo, nunca podré lograrlo.

ᵀᵁSABIA

Para. Mira. ¡Escúchate! Si eso fuese así nunca hubieras logrado nada. No hay nada que domines hoy que en algún momento no haya sido nuevo para ti. Todo lo que sabes hacer en esta etapa de tu vida lo aprendiste paso a paso. La pregunta es si estás dispuesta a dar esos pasos. ¡Ese es otro cuento!

¿Estás dispuesta a hacer la tarea? Con la tecnología que tenemos hoy a nuestra disposición cualquiera puede convertirse en un experto en prácticamente cualquier cosa que se proponga. Cómo mínimo, podemos descifrar un curso de acción efectivo. Tan sencillo como entrar en uno de tantos motores de búsqueda de Internet e ingresar dos o tres palabras clave de lo que sea que buscas… desde hornear un buen bizcocho… estrategias para ayudar a tus hijos a estudiar… o hasta crear tu propia empresa.

Tal vez no conlleva ni siquiera el esfuerzo de navegar por la Internet. A lo mejor es tan sencillo como mirar tu lista de contactos en tu teléfono celular y hacer una primera llamada a alguien que pudiera dirigirte en la dirección correcta hacia tu primer paso…

El tema no es si sabes o no… el verdadero tema es si estás dispuesta a pagar el precio de aprender… de confiar un paso a la vez… o si vas a preferir evadir la oportunidad que el Universo te está ofreciendo para que puedas crecer y en su lugar decidas esconderte detrás de este cuento.

PRÁCTICA

- Escribe exactamente qué es lo que quieres lograr. Define tu objetivo, por más loco o inalcanzable que te parezca.
- Haz una lista de todo lo que te llegue a la mente que tendrías que hacer o que tendría que suceder para lograrlo.
- Escoge lo más inmediato que puedes hacer FÁCILMENTE: tal vez una llamada telefónica, tal vez una cita para tomarte un café con alguien que tiene experiencia en eso que quieres lograr, tal vez entrar dos palabras clave en un motor de búsqueda y ver qué se abre para ti…
- Date cuenta… ¡Ya empezaste… reconócete!

AFIRMACIÓN

Una vez dé el primer paso, todos los demás se me irán revelando naturalmente. Puedo confiar.

> *"El viaje de las mil millas comienza con un solo paso."*
> —Lao Tzu
> Filósofo y poeta de la antigua China, mejor conocido como el creador del *Tao Te Ching* y fundador de la filosofía del *Taoísmo*.

32

TU LOCA

Se me hizo tarde (o, ya es tarde para mí).

TU SABIA

Si estás leyendo este cuento de Tu LOCA, permíteme recordarte que estás viva todavía. Y si estás viva, no es tarde.

Tal vez sea tarde para lograr algunos resultados específicos, como por ejemplo, ser bailarina de ballet profesional. No así para vivir tu verdadera añoranza, no para experimentar la pasión y el gozo de tu creatividad. Siempre puedes tomar clases de baile o cualquier otra disciplina creativa que te hará sentir libertad, por el puro placer de hacerlo.

Piensa en eso que crees que ya no puedes lograr. ¿Cuál es la experiencia que anhelas, qué es lo que sentirías si lo tuvieras, si lo lograras? Detrás de cada resultado que quieres alcanzar hay una experiencia que añoras. ¿De qué maneras podrías generarla hoy? Te prometo que está a punto de abrirse un universo nuevo de posibilidades para ti. Por ejemplo, tal vez quieres traer a manifestación en tu vida una pareja, pero lo que añoras en realidad es conexión, o quizás quieres dinero pero en el fondo lo que añoras es seguridad y libertad. Pregúntate, cuál es la experiencia que añoras o la necesidad que deseas llenar detrás de ese resultado específico?

El punto aquí no es que dejes de querer lo que quieres sino que te des cuenta de que lo que de verdad añoras tiene muchas posibles maneras de vivirlo y no a través de un solo camino o una única forma. También es pertinente el hecho de que al generar de otras maneras aquello que añoras, accedes a un nivel de bienestar y gozo que te hará mucho más atractiva, divertida y suficientemente creativa como para manifestar todo aquello que aún no has logrado. Y, como si eso fuera poco, la vas a pasar ¡mucho mejor!

PRÁCTICA

- Toma una hoja de papel en blanco y divídela por la mitad con una raya.
- En el tope al lado izquierdo de la página escribe el título: "Lo que quiero". Haz una lista de todo lo que te gustaría lograr.
- En el tope al lado derecho escribe el título "Lo que añoro". Haz una lista. Por cada "ítem" de la lista de la izquierda escribe por lo menos una manera o práctica que podrías incorporar a tu vida hoy para generar esa experiencia. Esto te proporcionará la oportunidad de descubrir por cuenta propia diversas formas y maneras de generar una misma experiencia. Por ejemplo: Tal vez la conexión que añoras en una relación de pareja la puedes crear de manera inmediata cultivando otras relaciones ya presentes en tu vida como por ejemplo, algún miembro de tu familia, una amiga querida o una compañera de trabajo. El "valor agregado" es que esto te hará lucir más atractiva y menos dependiente en el proceso de manifestar la pareja que quieres.

- Disfruta la nueva calidad de tu experiencia de vida… y los resultados sorprendentes que desde ese espacio vas a comenzar a atraer. ¡Tal vez, eso mismo que creías que ya no podías tener!

AFIRMACIÓN

Siempre estoy perfectamente a tiempo para vivir la experiencia que quiero vivir.

> *"El problema es que tú crees que el tiempo existe".*
> —El Buda
> Sabio –conocido tambien como Sidarta Gautama o Sakiamuni Buda– en cuyas enseñanzas se fundó el budismo.

33

ᵀᵁLOCA

No valgo (o, no soy suficiente).

ᵀᵁSABIA

He aquí la madre de todos los cuentos, el cuento original, la razón de ser de todos los demás cuentos de Tu LOCA. Aquí es que está el meollo, el corazón del asunto.

Desde estudios e investigaciones llevados a cabo por instituciones del campo de la psicología hasta encuestas en línea –como una hecha por la famosa Oprah Winfrey en Oprah.com–, el resultado es el mismo. Al preguntarle a mujeres de todo tipo de perfil social: "¿Qué está faltando en tu vida?", la respuesta número uno de miles de ellas sigue siendo: "amor propio, sentirme valiosa".

No estás sola, mi amor, pero he aquí el detalle: mientras te creas ese cuento jamás, repito, JAMÁS te vas a permitir vivir la vida que quieres.

Amarte y valorarte es la base de todo. ¡De todo! Es lo que establece tu relación contigo misma, y de ahí parten todas tus demás relaciones. Si te detienes un momento y observas el patrón, te darás cuenta de que de una manera u otra, todas tus relaciones son un reflejo de tu relación contigo. Cómo te hablan, te tratan, te consideran o no es un espejo de cómo te hablas, te tratas y te consideras o no tú misma. Eres quien enseña a otros cómo tratarte. Lo que va y lo que no va. También, si lo piensas, vas a ver que lo que sea que quieras en tu vida, de un modo u otro, solo puede llegar a ti por la vía de las relaciones. Vivimos en constante interrelación unos con otros, nada se puede lograr en el vacío. ¡La calidad de tu vida entera depende de la calidad de tus relaciones y todas –repito, todas– empiezan por tu relación contigo!

Ahora, permíteme darte la ¡buena noticia! Declarar y sentir que eres valiosa está completamente en tus manos. Es tu decisión. Tuya solamente. No depende de más nadie ni requiere evidencia externa. De hecho, no importa cuán valiosa o fabulosa te vean los demás, hasta que tú no lo decidas no va a cambiar nada. La bola está en tu cancha. ¡El poder lo tienes tú!

Esta es tu prerrogativa: decidir hoy que eres valiosa porque sí. Porque tú lo reconoces y lo dices. Y en tu vida, quien único tiene derecho a decidir quién eres, ¡ERES TÚ!

PRÁCTICA

- Toma un tiempo aparte y en la más absoluta quietud respira profundo llenando completamente tus pulmones y vaciándolos de igual manera (¡Esta parte es crucial!). Notarás que luego de las primeras 5 a 6 respiraciones tu cuerpo encontrará su propio ritmo…
- Trae a tu mente características de ti que puedes valorar aquí y ahora… nada material sino de tu ser… tu ternura… sentido del humor, nobleza, entre otras cualidades.
- Escríbelas bajo el título: "Me reconozco por…". Colócalas en un lugar visible de tal manera que

puedas leerlas a menudo (si puedes hacerlo en voz alta, mejor).

- Haz otra lista de todas las cosas positivas que recuerdas que alguien te haya dicho a lo largo de tu vida (esto solo te servirá como recordatorio de lo que ya sabes de ti misma, ya que lo que va a hacer la diferencia en tu forma de valorarte es lo que pienses TÚ de ti.)
- Comienza a prestar atención y a notar qué personas o situaciones te ayudan a recordar tu valor y qué personas o situaciones disminuyen tu sentido de autovalía.
- Diariamente, antes de acostarte, anota tres acciones o cualidades positivas que reconoces de ti. NO SE PERMITEN REPETICIONES. No tiene que ser nada dramático… a lo mejor le cediste el paso a alguien en la carretera… le sonreíste a un extraño sinceramente… o hiciste un postre divino! Lo importante es que no pase un solo día sin reconocer algo bueno que puedas apreciar en ti.
- Te reto a hacer esto todos los días y que al cabo de un tiempo no pase algo nuevo y diferente para ti!

AFIRMACIÓN

Soy valiosa porque sí.
Soy valiosa porque soy.

> "Eres valiosa porque naciste y porque estás aquí. Tú sola eres suficiente".
> —Oprah Winfrey
> Anfitriona de televisión y creadora de un imperio millonario que incluye su propia revista, "O", al igual que su canal de televisión, "OWN".

34

TU LOCA
Perdonar es igual a aprobar o estar de acuerdo.

TU SABIA

Nada, pero que nada, está más lejos de la verdad. Perdonar solo se trata de soltar y dejar ir la pesada carga del rencor. Es regalarte paz y volver a respirar profundo. No tiene nada que ver con más nada ni con nadie más que tú. Lo haces por y para ti, para liberarte de tu dolor. De hecho, no es tanto una acción de gente buena cómo lo es de gente inteligente. Es el más bello acto de egoísmo y amor propio. Lo haces para estar bien tú. Punto. Esa es la razón verdaderamente importante de que perdones. ¡Tú!

Perdonar es la manera mas efectiva, la mejor y más rápida de reclamar toda la energía que tienes atrapada en el pasado y decidir estar presente para crear tu mejor futuro.

Es darte el regalo de sanar tus heridas y transformarlas en lecciones y fuentes de poder.

Perdonar es la oportunidad de pasar de ser la víctima de tu pequeña historia de desgracias a convertirte en la heroína de tu gran saga. ¿Qué te suena mejor? ¿Víctima o heroína? ¿Quién crees tú que la va a pasar mejor?

¿Quién crees tú que va a ser más efectiva a la hora de tomar las mejores decisiones para vivir tu mejor vida, la víctima o la heroína?

 PRÁCTICA

- Inventario: ¿A quién o qué necesitas perdonar? Imagina que lo que pasó nunca hubiese sucedido. ¿Cómo te sentirías? Ese es el espacio que puedes recuperar. Si tú así lo decides.
- ¿Cuál sería un primer paso que estarías dispuesta a dar en pos de soltar?
- ¡Atrévete a darlo YA! (No necesariamente tiene que involucrar a la otra persona... muchas veces escribir una carta que no vas a mandar puede comenzar el proceso de sanación para ti)
- Escoge un suceso del que te sientes víctima y practica contarlo en dos versiones:
    1. Versión Víctima: enfatiza todo lo que "te hicieron" y todas las maneras como eso te "marcó para siempre" y todas las consecuencias terribles que ahora te impiden ser quien quisieras ser.
    2. Versión Heroína: en esta versión enfatizas de qué manera cada obstáculo en tu camino ha sido la oportunidad perfecta para ser más grande, aprender alguna lección, fortalecerte, y cómo –precisamente por todo lo que has vivido– eres más grande y estás más preparada y lista que nunca antes para ser quien quieres ser.

¿Cuál de las dos versiones te resulta más poderosa? ¿Cuál de las dos te va a mover más rápidamente hacia todo aquello que anhelas?

AFIRMACIÓN

Perdonar es el regalo más grande que me puedo dar a mí misma.

> *"Odiar es una carga demasiado grande. Le hace más daño al que odia que al odiado".*
> —Coretta Scott King
> Viuda del reverendo Martin Luther King, Jr.

35

TU LOCA

Permitirme sentir mis emociones es peligroso.

TU SABIA

Ese es precisamente el cuento que te mantiene atrapada dando vueltas en círculos. Lo cierto es exactamente lo contrario. No sentir, evadir, negar o disfrazar tus emociones te mantiene desconectada de tu ser auténtico, de tu verdad. Esa desconexión de ti misma crea a su vez separación de las demás personas importantes en tu vida. Si tú misma no te acercas a ti, ¿cómo crees que te vas a abrir a conectar con los demás?

¿Cómo pueden los demás acercarse a ti?

Lo más irónico es que eso que estás evadiendo sentir, ya lo sientes. Por eso lo quieres evadir. ¿Puedes ver que no funciona? Sigue esta lógica: ya te enteraste de lo que sientes; como es desagradable lo quieres evadir, pero al no permitirte sentirlo no puedes salir al otro lado de esa emoción y te quedas atascada ahí mismo, en lo que no querías sentir en primer lugar. ¡Locura total!

No puedes superar lo que ni siquiera te permites sentir, mi amor. Y te tengo una gran noticia. Todas las emociones, si te das permiso para sentirlas, tienen un ciclo natural. Algo así como las olas del mar. Llegan, crecen, alcanzan su tope o cresta y luego bajan para finalmente desaparecer. ¡Uffff...menos mal! ¡Ah! pero esto se pone mejor! Según algunos expertos en el campo de la ciencia cerebral, todo eso se da en ¡ciclos de 90 segundos! ¡Imagínate! Claro, dependiendo de la situación, el próximo ciclo puede llegar rapidito, si estás en tiempo de crisis. Pero, de nuevo, ¡90 segundos! (por si te parece demasiado tiempo, se trata solo de un minuto y medio!!!) Tú puedes manejar eso, ¿verdad?

Lo más importante de todo, sin embargo, es que detrás de cada emoción hay un pensamiento que la está causando. Si no me permito ni siquiera reconocer la emoción, jamás voy a llegar al próximo nivel, que es identificar el pensamiento que necesita ser desactivado en tu mente. Como ves, esta es la fórmula perfecta para quedarte ¡igualita y atascadita! ¿Eso quieres realmente?

He aquí una verdad sin remedio: la negación nunca puede llevar a la liberación.

PRÁCTICA

- La próxima vez que sientas cualquier emoción que no te encante... estrés... ansiedad... tristeza... dolor... miedo... o lo que sea que no se sienta divino... ¡Detente!
- Inhala, 2, 3, 4... Exhala 2, 3, 4... mientras observas esa emoción que tanto te molesta y te permites sentirla y darle espacio. Este es el detalle nuevo, vas a respirar, NO para que se te pase la sensación incómoda sino para darle espacio... para permitirle que se acomode... es más, para permitirle que se ¡apodere! Observa con calma lo que sucede...

- Desde este nuevo espacio de paz y aceptación, pregúntate: ¿Qué acción podría tomar ahora mismo que me apoyaría para lograr mis metas?
- Hazlo. Fíjate lo que sucede….

AFIRMACIÓN

Puedo sentir mis emociones y dejarlas ir.

> *"Resistir las emociones es resistir la vida misma".*
> —Sukral

36

ᵀᵁLOCA

Si no lo hago yo, no se hace (o, no puedo pedir apoyo).

ᵀᵁSABIA

Sin duda alguna, ¡la receta perfecta para vivir en el reclamo y el resentimiento! O, con un terrible dolor de espaldas, o ataques de ansiedad masivos o… cualquier sinnúmero de dolencias o dolamas… físicas, mentales y espirituales. Cómo mínimo, receta perfecta para terminar tu día exhausta y furiosa… con tu sistema bañado por las hormonas del estrés… cortisol y adrenalina…y todos los efectos secundarios que eso implica para tu cuerpo y tu salud… desde presión arterial elevada y fatiga crónica… hasta depresión clínica. Simplemente nefasto para ti.

Con todo el amor del mundo, querida mía, suenas como la perfecta mártir o víctima. Y no me sorprendería que vivas quejándote o cantaleteándole a los que te rodean.

¿Qué tal si aprovechas la oportunidad para hacerte algunas preguntas? Como por ejemplo: ¿Cuál es el beneficio de operar así? ¿Para quién te estás haciendo indispensable? ¿Qué estás creyendo de ti y de tus relaciones que te lleva a sentir que eso es necesario? ¿Qué precios te está costando operar de esa manera, primero en términos personales y luego en lo que respecta a tus relaciones? ¿A quién estás incapacitando, robándole la oportunidad de crecer y aprender?

Y, finalmente, ¿qué te has inventado acerca de pedir y recibir apoyo? ¿De dónde viene eso?

 PRÁCTICA

- Escribe, por separado, cada una de las preguntas del párrafo anterior.
- Contéstalas una a una con lujo de detalles. Si eso es muy abrumador, por lo menos contesta las que sobresalgan para ti. Cuestiónalas: ¿Eso es 100 por ciento cierto? ¿100 por ciento? ¿Estás segura? Atrévete a ser radicalmente honesta contigo misma. No se lo tienes que decir a nadie. Esto será entre tú y tú.
- Toma cinco minutos para escribir TODO lo que te venga a la mente que tienes que hacer… o tienes pendiente… o te roba la paz y el sueño… desde lo más cotidiano y específico (hacer cita con el médico) hasta lo más general y universal (envejecer).
- Tacha ahora con una raya gruesa todo lo que esté fuera de tu control (desde la muerte misma hasta si tu hijo estudia o no)
- Tacha todo lo que no añada nada valioso a tu vida.
- ¡Esta es tu lista!

AFIRMACIÓN

*Pido y recibo apoyo porque me amo a mí
y a quienes me rodean.*

> "Di que no cuando no quieras hacer algo… decide si encajar es más importante para ti que cumplir con lo que viniste a hacer aquí".
>
> —Eve Ensler
> Autora del *bestseller Monólogos de la Vagina.*

37

ᵀᵁLOCA
Tengo que defender todo lo que se dice de mí.

ᵀᵁSABIA

Ok… Buena suerte… ¡con eso también! Esto no solo es completamente imposible a nivel de logística –saber o defender todo lo que se dice de ti es IMPOSIBLE– sino que lo que es verdad es precisamente lo contrario. No hay nada que defender ni razón alguna por la que debamos atacar. La maestra norteamericana Byron Katie lo expresa ¡como una diosa! Según ella, y yo te digo exactamente lo mismo, hay tres tipos de asuntos: los tuyos, los de Dios (terremotos, tsunamis, inundaciones, etc.) y los de los demás. En esa última categoría entra todo aquello que los demás puedan pensar o decir de ti. En otras palabras, ¡no es asunto tuyo!

Cuando te enfocas en defenderte, justificarte o atacar a presuntos enemigos, te abandonas a ti misma en el presente, que como ya hemos visto, es tu único momento y espacio de poder. El único instante en el que puedes escoger de nuevo, en el que puedes volver a empezar es siempre el mismo: el presente.

Mantenerte en tus asuntos momento a momento es fundamental a la hora de maximizar cómo y dónde usas tu energía; cómo y dónde usas tus recursos. Solo cuando mantienes tu atención y energía enfocada en tus propios asuntos puedes dar tu mejor próximo paso hacia tu propio norte, que es único e inviolable. Cualquier otra cosa es distracción y desenfoque.

PRÁCTICA

- Trae a tu mente algún evento o comentario negativo reciente acerca de ti del que sientes que te tienes que defender.
- Planifica, visualiza todo lo que harías y/o dirías en defensa propia o atacando a la persona en cuestión. Haz esto con lujo de detalles. Puedes incluso escribir cada uno de tus argumentos en contra del comentario que esa persona hizo de ti.
- Nota el tiempo y la energía que esto conlleva o conllevaría de ti (es decir, el gasto emocional y físico perdido).
- ¿Qué acción o actividad podrías llevar a cabo con ese mismo tiempo y energía que te acercaría de alguna manera a algún anhelo de tu corazón, alguna meta que aún no has logrado?
- ¿Qué te parece si aprovechas esta oportunidad y haces algo maravilloso para ti?

AFIRMACIÓN

Mis sueños merecen lo mejor de mi tiempo, atención y energía.

> "Lo importante es que hablen, aunque lo que digan sea bueno".
>
> —Oscar Wilde
> Reconocido autor y dramaturgo británico.

38

ᵀᵁLOCA

Preocuparme es igual a amar (o, si no me preocupo no amo).

ᵀᵁSABIA

A ver... ¿Por dónde empiezo? El amor y la preocupación son prácticamente sentimientos opuestos. No importa lo que te haya dicho tu mamá, ni la mamá de tu mamá, ni la mamá de la mamá de tu mamá. Esto lo digo con gran respeto porque tengo clarísimo lo arraigado que viene este cuento, pero miremos con detenimiento, ¡por favor!

Cuando estás preocupada, el estado en que te manejas es de tensión física, mental y emocional. Básicamente, estás en un estado de desconfianza, falta de fe y miedo. El problema con este tipo de miedo es que no responde a ninguna situación real (no hay un tigre en la habitación) pero genera la misma reacción emocional y hasta fisiológica que si tu vida estuviera a merced del más peligroso felino de la selva. Lo terrible es que todo esto es creado por cualquier cantidad de situaciones hipotéticas creadas a su vez por la mente para mantenerte en una ansiedad y un temor sin sentido.

El amor, sin embargo, nace del corazón, del aprecio, la conexión y la fe. Como puedes ver, lo opuesto a la preocupación.

El amor genera la energía más pura y expansiva mientras que la preocupación te empuja hasta hacerte sentir contraída, ansiosa e infeliz. ¿Desde ese espacio de negatividad y de falta de poder… ¿Qué puedes ofrecer? ¿Cómo puedes preocuparte y amar a la misma vez?

Esta es tu elección: preocuparte, o sea, contraerte y no tener lo mejor de ti disponible en ese momento o, practicar confiar, abrir el corazón para conectar y dar lo mejor de ti.

¿Qué escoges tú?

PRÁCTICA

- Trae a tu mente a alguien que amas. Date permiso a preocuparte, de verdad preocuparte por esa persona. Imagina todos los peores escenarios.

- Fíjate cómo te sientes al preocuparte… observa lo que sucede con tu respiración… presta atención a tus pensamientos… cómo se van hilando de una idea fatal a otra peor y peor hasta que terminas por visualizar la más temible tragedia… tu pulso se acelera… el área del plexo solar se tensa… tal vez hasta tu garganta se cierre por completo impidiéndote siquiera hablar… Nota tu nivel de energía…

- Concéntrate ahora en el amor inmenso que sientes hacia esa persona… Fíjate cómo te sientes… qué cambios observas en tu respiración… cuál es el nuevo contenido de tus pensamientos… ¿Puedes percibir tu corazón abierto?… ¿Te das cuenta de cómo se ha expandido tu pecho?

- La próxima vez que te encuentres preocupándote por alguien, escoge conscientemente moverte al amor que sientes por esa persona.

AFIRMACIÓN

Solo sintiendo el amor en mí puedo dar lo mejor que tengo.

> "He pasado la mayor parte de mi vida preocupándome por cosas que nunca pasaron".
> —Mark Twain
> Autor y filósofo norteamericano, escritor del clásico *Huckleberry Finn*.

39

ᵀᵁLOCA

Si expreso mi verdad me va a ir mal.

ᵀᵁSABIA

No hay nada, absolutamente nada, que te pueda hacer más daño que callar tu verdad.

Cuando no dices tu verdad, la conviertes en tu secreto. Tus secretos, a su vez, te mantienen escondida, avergonzada, pequeña y desconectada. Los rigores de vivir una vida auténtica, con todo el riesgo que eso puede implicar, no comparan con el dolor de permanecer callada, encerrada y escondida detrás del muro de tu vergüenza. ¿Por qué vergüenza? Tal vez los demás no se den cuenta, pero a ti no te puedes mentir. Al menos, no por demasiado tiempo.

Pero, hay más. En estudios hechos en el campo de la kinesiología se ha demostrado que cuando mientes pierdes fuerza muscular. ¡Imagínate! ¿Cuáles podrán ser las consecuencias nefastas de vivir una mentira? ¿De cuántas maneras te estás debilitando?

A eso añádele lo que la socióloga y escritora Brenée Brown ha verificado a través de sus investigaciones y nos cuenta que es el propósito de la vida misma: conectar. Según sus estudios, la necesidad de conectar con otros no es solamente crucial en términos emocionales y psicológicos sino que neurobiológicamente a eso venimos. Desde la mentira, es imposible conectarse con los demás. ¿Puedes verlo?

Luego de analizar todo esto, ¿crees que podría haber algo peor para ti y tu bienestar que comportarte de esa manera y mantenerte desconectada y separada del mundo? Piénsalo, ¿hay algo que podría ser peor?

Y he aquí otra pregunta mucho más importante: ¿Cómo vas a vivir tu verdadera vida, la tuya, si ni siquiera te permites decir tu verdad? Y, si no estás viviendo tu propia vida, entonces la vida de quién estás viviendo?

PRÁCTICA

Tal vez, hoy por hoy, todavía no tienes total claridad de cómo es esa mujer que quisieras ser. La siguiente práctica te va a ayudar enormemente:

- Separa un tiempo para definir –entre Tú y Tú– tu propia identidad.
- Respira profundo cinco o seis veces hasta que te sientas presente en el momento y que tu respiración haya encontrado su propio ritmo. Haz una lista de siete a diez maneras de ser que quisieras que te definan como mujer... Por ejemplo: amorosa... arriesgada... presente... segura... etc.
- De esas que escribiste escoge ahora las tres más importantes para ti.
- Haz otra lista ahora de los valores o principios de vida que son importantes para ti... Por ejemplo: integridad... cooperación... apertura...

valentía… honestidad… amor… protección… etc.

- Reduce esa nueva lista a las tres más importantes para ti.
- Múltiples veces durante tu día, cada vez que te acuerdes, pregúntate: ¿Estoy viviendo mi verdad? ¿Estoy siendo fiel a mi identidad?
- El mero hecho de instalarte en esas preguntas, si te mantienes haciéndotelas una y otra vez va a comenzar a generar cambios en ti… Observa lo que comienza a suceder…

AFIRMACIÓN

Es seguro para mí conocer y expresar mi verdad. Ahí radica mi libertad.

> "Nuestros deseos son susurros de nuestro yo auténtico. Aprende a respetarlos y a escucharlos."
> —Sarah Ban Breathnach
> Autora del bestseller *Simple Abundance (El encanto de la vida simple)*.

40

ᵀᵁLOCA

Mi felicidad no es importante (o, es secundaria).

ᵀᵁSABIA

Repite conmigo: Mi felicidad no solamente es importante, es LO MÁS importante. (Entiéndase que supera el bienestar de tus hijos, tu padre, tu madre, tu marido, tus tres mejores amigas, tu perro, el trabajo, tu educación, la iglesia y todo aquello que se "supone" fuera más importante que tú).

Ahora, respira lento y profundo mientras todo el aprendizaje de toda una vida se rebela y te manda todo tipo de mensajes de que esto no puede ser así, de que eres horrible… y malvada… y egoísta… y mereces morir en la hoguera… etc., etc., etc.

Mi amor, ha llegado el momento de entender que solamente porque algo es lo que te enseñaron no quiere decir que es "LA VERDAD". Sí, lo sé, lo aprendiste de mujeres que te amaban pero, igual, eso no quiere decir que tuvieran la razón ni que supieran qué era lo mejor para ti.

A ver, ¿Qué aprendiste tú? ¿Qué te metieron en la cabeza a ti? ¿Cuáles son los "se supone" tuyos? ¿Que todo el mundo va antes que tú? ¿Que amar y nutrir y cuidar es maravilloso mientras se trate de otros y no de ti? ¿Que tu pareja y tus hijos y Reymundo y todo el mundo van primero y tú después? ¿Eso te enseñaron? ¿Qué te parece si usas tu inteligencia de mujer adulta para retar algunos de estos conceptos que no te han servido?

¿Quieres ser una mamá excelente, dejar un legado importante que le sirva a tus hijos cuando ya no estés? Imagino que tu respuesta a esta pregunta es un "Sí". Pues dime, por favor, ¿Cómo piensas lograr eso si no eres feliz? ¿Cuál es el legado que puedes dejar sintiéndote mártir y sacrificada? ¿Quieres ser una pareja empática, conectada, divertida, que contribuye a la vida de quien camina contigo? Imagino que la respuesta, de nuevo, es un rotundo "Sí". ¿Crees que es posible lograr eso si no eres feliz? Plantéatelo bien. Finalmente, ¿Quieres hacer la diferencia por lo menos con alguien en el mundo? Si hacemos caso a lo que revelan los estudios acerca de los seres humanos, la respuesta nuevamente es "Sí".

Como puedes ver, tu felicidad no es simplemente algo deseable sino indispensable si quieres dar lo mejor de ti. Tu felicidad ES lo más importante. Sin eso, el resto es imposible. Mira a tu alrededor. Tal vez ni siquiera tienes que mirar demasiado lejos.

PRÁCTICA

- Toma un momento para esclarecer este tema tan importante. Se honesta: en una escala del uno al diez, ¿dónde te ubicas tú en términos de tu nivel de felicidad? Nota: lo opuesto de felicidad no es depresión. No tienes que estar deprimida para que no sea cierto que puedas ser bastante más feliz. Sin intelectualizar demasiado, date un número. Cualquier número menor que un diez quiere decir que hay espacio para crecer.

- Asumiendo que no tuviste un diez (Si lo tuviste ¡maravilloso, celébralo!), ¿Qué requerirías de ti para ser más feliz ya? ¿Qué o quién necesitarías ser? ¿Qué tendría que suceder? ¿Quién tendría que cambiar?
- Nota si tu respuesta a estas preguntas se relaciona más con otras personas que contigo. De ser así, ¿en manos de quién estás poniendo tu felicidad?
- Si tomaras tu felicidad en tus manos, ¿qué acciones o pasos podrías dar ya para sentirte más feliz, para disfrutar genuinamente más cada momento?
- Identifica UN paso o acción que puedes implementar ya… y hazlo! Nota lo que sucede… nota cómo quien eres en el mundo se modifica en la medida en que estás más feliz.

AFIRMACIÓN

Cuando me ocupo de mi felicidad soy responsable conmigo misma y con aquellos a quienes amo.

"La meta de todas las metas es la felicidad".
—Aristóteles
Filósofo, científico y maestro griego. Su obra *De Anima* se considera el primer tratado científico de la filosofía y la psicología.

"El movimiento de la vida misma es hacia la felicidad".
—Su Santidad El Dalai Lama
Líder espiritual del Tibet que en el 1959, tras la ocupación china, tuvo que huir a la India, desde donde ha intentado recuperar la soberanía de su nación mediante propuestas basadas en la tolerancia y el respeto mutuo. En el 1989 recibió el Premio Nóbel de la Paz.

LA LOCA Y EL DINOSAURIO

Con esta primera oración sería más que suficiente para el epílogo de este texto: «Ivette Rodríguez cumple a cabalidad en este libro su función de *coach*: elevar a otra dimensión el nivel de funcionamiento de una persona saludable mental y emocionalmente». Y añado que así me siento después de haberlo leído. He recibido un empujón dramático para seguir creciendo y me he dado cuenta de que hay muchas cosas que uno sabe y va olvidando. Y eso, que el libro va dirigido a la mujer. Pero lo cierto es que mi parte femenina está a flor de piel. Ivette me la despellejó.

Conocí a Ivette como una LOCA maravillosa en el ambiente artístico. Era de esas pocas personas que acaparan para sí la pasión que muchas otras se niegan a tener. Intensa hasta incomodar, derrochaba energía en sus actuaciones, como actriz o como cantante. Pero fue en su actuación en La Piaf, -¿se les ocurre alguna LOCA mayor?- que me convencí de que a aquel torbellino de energía hecha mujer le esperaban grandes cosas.

Al poco tiempo coincidimos en los talleres de transformación de Lifespring y no bien los habíamos terminado ya Ivette era entrenadora de los mismos. La vi en uno de sus primeros talleres y estaba como pez en el agua. Tomó todas las destrezas que tenía como actriz –que eran muchas y variadas– le incorporó las nuevas herramientas adquiridas en Lifespring, y el producto final fue una extraordinaria *coach* que culmina en la LOCA–SABIA que descubrimos en este, su primer libro.

No es casualidad que este libro haya salido como celebración de sus SESENTA. Le llevo seis de ventaja y confieso que he descubierto que los sesenta es una década para grandes cosas… para romper barreras, para emprender lo que se ha pospuesto, y para recobrar la juventud que esta sociedad le niega a los mayores. Así que prepárense para lo que de ahora en adelante va a producir esta mujer que me dobla en intensidad, deseo y compromiso.

Le agradezco a Ivette que me recordara –y me reafirmara– en esta obra lo que revoloteó en mi mente cuando en el año 2005 escribí y publiqué *Domesticando tu dinosaurio*: lo necesario que es reconocer a ese animal irracional que tenemos dentro, hacer las pases con él y domesticarlo con el uso de la Inteligencia Emocional. Quedó en el tintero una continuación a ese texto, pero si no lo llego a escribir estoy tranquilo porque Ivette estableció en este libro –con la honestidad, pasión y humor que le caracteriza– la esencia de lo que yo plantearía. Ivette es una rara combinación de LOCA-SABIA que hace trizas al egosaurio que nos atormenta.

También le agradezco a Ivette que me haya recordado la necesidad que tengo de amarme más y de recobrar el poder que se me va escapando cuando le hago caso a los cuentos de mi LOCO, sobre todo al de agradar a todo el mundo, y caigo en la inconciencia cotidiana que, si no me percato, me empuja a la mediocridad.

Ivette, te honro en tu primerizo alumbramiento como escritora. De ahora en adelante, los partos serán múltiples. ¡En hora buena!

—Silverio Pérez
23 de julio de 2014
San Juan, Puerto Rico

El autor de este epílogo es un reconocido humorista, ingeniero químico, cantante, músico, compositor, escritor, presentador radial y televisivo, motivador y padre de cinco hijos.

BIBLIOGRAFÍA

Como buena "ratona de biblioteca", son casi incontables los libros que he leído en los últimos veinte años, en torno al tema del ser humano —acerca de qué nos mueve, qué hace que unos vivamos vidas plenas y gozosas, mientras otros luchamos a cada paso del camino al ver que los resultados anhelados nos eluden sin remedio aparente. Todos los libros de los que me he nutrido han sido un regalo y forman parte de quien soy y de lo que ofrezco hoy.

Sin embargo, en tiempos recientes, las siguientes obras han tenido un profundo impacto en mi vida. Gracias a estos libros he reído, he llorado, he confirmado sabiduría antigua, y he aprendido cosas nuevas… en fin, las palabras de sus autores han tocado mi mente, mi corazón y mi espíritu.

Con inmenso amor, los comparto contigo.

The Happiness Trap	Russ Harris
The Martha Beck Collection	Martha Beck, Ph.D.
The Happiness Project	Gretchen Rubin
Choosing Me Over We	Christine Arylo
The Power of Now	Eckhart Tolle
Lean In	Sheryl Sandberg
The Gifts of Imperfection	Brenèe Brown
Big Fat Lies Women Tell Themselves	Amy Ahlers
Happy For No Reason	Marci Shimoff

The Artist's Way	Julia Cameron
Loving What Is	Byron Katie
Finding Your Own North Star	Martha Beck, Ph. D.
Steering By Starlight	Martha Beck, Ph. D.
I Need Your Love, Is That True?	Byron Katie
Thrive	Arianna Huffington
Mind Over Medicine	Lissa Rankin, M. D.
Finding Your Way In A Wild New World	Martha Beck, Ph. D.
Daring Greatly	Brenèe Brown
As A Man Thinketh	James Allen

WEBSITES:

De igual manera, a continuación te regalo algunos sitios de Internet que te invito a visitar. Mi apuesta es que añadirán riqueza a tu experiencia de vida. ¡Disfruta!

www.ivetterodriguez.com

www.lynnetwist.com

www.femininepower.com

www.thework.com

www.lissarankinmd.com

www.thehuffingtonpost.com

www.psychologytoday.com

www.schoolofwomanlyarts.com

BIOGRAFÍA

Ivette Rodríguez es una reconocida Líder Transformacional, Entrenadora y *Life Coach* a nivel internacional. Además, es la creadora de los talleres *Mujer, Tu Vida es AHORA*. Tras retirarse de una exitosa carrera artística que la llevó a ganar éxitos internacionales como cantante y actriz, durante los últimos veinte años ha trabajado como guía en la transformación de hombres y mujeres de casi una docena de países. Desde hace seis años –siguiendo "el llamado" de su corazón– su enfoque ha sido dirigido principalmente a empoderar y transformar la vida de la mujer de habla hispana. Su "marca" personal y única –producto de sus habilidades histriónicas y de la vasta experiencia adquirida en su trabajo como Entrenadora– combina su inconfundible humor y sentido común con distinciones derivadas del mundo de la tranformación y el poder personal. Al mismo tiempo, ofrece técnicas del cada vez más popular *coaching* de vida.

www.ivetterodriguez.com
email: ivette@ivetterodriguez.com

Si lo único que existe es el AHORA, entonces no debe quedar duda alguna de que siempre estamos "a tiempo". Por eso tienes este libro en tus manos ¡AHORA!

Made in the USA
Columbia, SC
17 February 2019